ヨベル新書
050

創世記講解

創世記1章～22章

上

潮　義男［著］
Ushio Yoshio

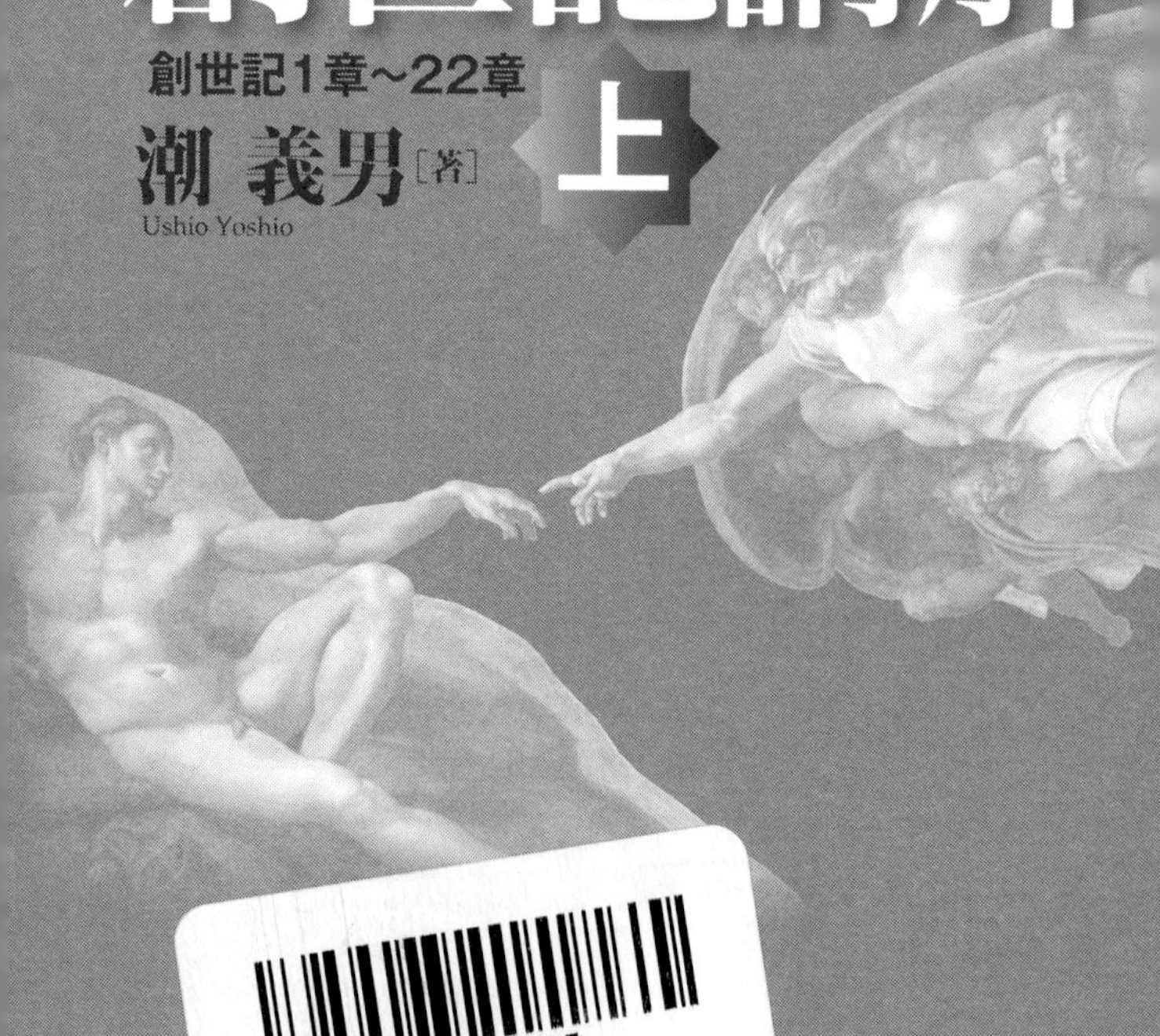

YOBEL,Inc.

装丁　ロゴスデザイン：長尾　優

創世記講解　上　もくじ

1　天地創造（1章1～25節）　6

2　人間の誕生（1章26～31節）　15

3　アダム（2章1～9節）　25

4　エデン（2章10～15節）　35

5　エバ（2章16～25節）　42

6　罪と罰──罪（3章1～13節）　51

7　罪と罰──罰（3章14～24節）　61

8　カインとアベル（4章1～12節）　71

9　カインの末裔（4章13～26節）　81

10　千歳の命〈系図と生存年数付〉（5章1～32節）　90

11　ノアの箱舟（6章1～22節）　101
12　大洪水（7章1～24節）　111
13　洪水のあと（8章1～22節）　118
14　祝福と契約（9章1～28節）　128
15　狩人ニムロド（10章1～14節）　136
16　バベルの塔（11章1～32節）　142
17　旅立ち（12章1～9節）　150
18　失敗（12章10～20節）　161
19　何を選んだか？（13章1～18節）　167
20　祝福を受ける（14章1～24節）　178
21　契約（15章1～6節）　185
22　二人の女性――サライとハガル（16章1～16節）　195

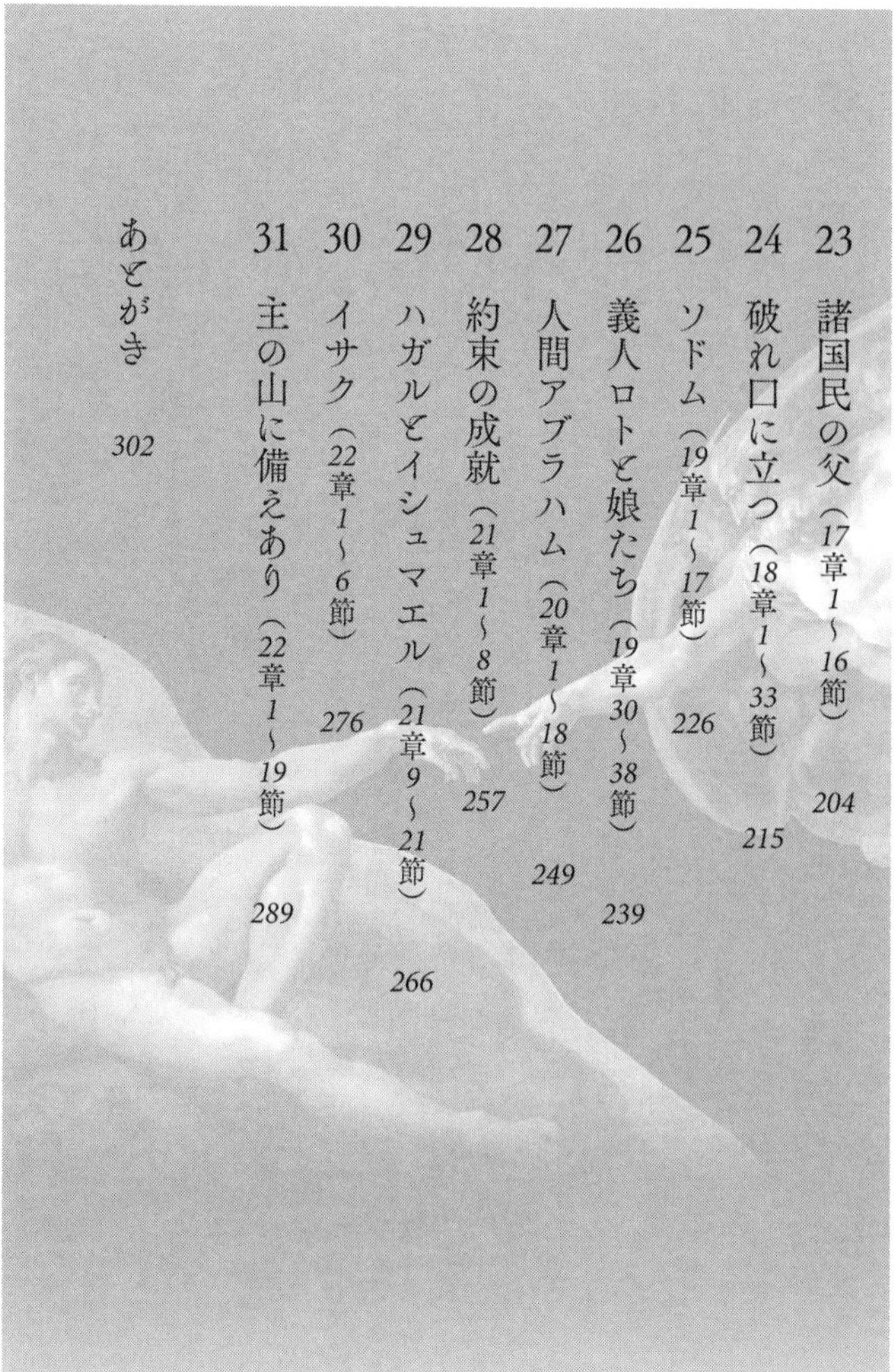

23 諸国民の父（17章1～16節） 204

24 破れ口に立つ（18章1～33節） 215

25 ソドム（19章1～17節） 226

26 義人ロトと娘たち（19章30～38節） 239

27 人間アブラハム（20章1～18節） 249

28 約束の成就（21章1～8節） 257

29 ハガルとイシュマエル（21章9～21節） 266

30 イサク（22章1～6節） 276

31 主の山に備えあり（22章1～19節） 289

あとがき 302

天地創造（創世記1章1～25節）

教会は、代々、この2000年の間、旧約聖書と新約聖書を神の言葉として、礼拝でみ言葉に聴くことを行ってまいりました。これからも全世界の教会で礼拝が行われるところでは、み言葉が開かれるのであります。主イエス・キリストの再臨の時まで、それは世の終わりの時でもありますが、わたしたちはその神の最後の救いの計画の完成の時に立ち会うことを祈りと信仰に覚えつつ、信仰の生涯を全うしていくのであります。

これがクリスチャンの務めでもあります。

1　創世記とは？

創世記とは、はじめという意味であります。1章1節――。

「初めに、神は天地を創造された」
「בְּרֵאשִׁית, בָּרָא אֱלֹהִים, אֵת הַשָּׁמַיִם, וְאֵת הָאָרֶץ」
「ベレーシート　バーラー　エローヒーム　エーット　ハッシャーマイム　ヴエーット　ハーアーレッツ」

この初め、ですね。この言葉をとって、創世記と名前がつけられました。

先週、教会に来られて、牧師と話したいと申し出られる方がいらっしゃいましたので、面談をいたしました。その際、いろいろ質問をされたので、キリスト教入門のようなテキストを準備しまして、面談を行いました。わたしは洗礼を志願される方には、受洗講座を兼ねるということで、聖書入門講座をいたします。

この時、よく講座に受講される方々に申し上げるのですが、聖書は信仰の書であるということです。信仰の書であると同時に、イスラエルという民族の歴史の書でもあります。創世記12章からはアブラハム物語と申しますが、イスラエル民族の祖であるアブラハムの選びと神の導きがテーマであります。

日本人であるわたしたちがイスラエルの歴史を、聖書を通して知るのです。わたしは旧新約聖書を今まで数十回は読んでいます。だいたいどこに何が書かれているか、おおよそのことは理解しています。皆さんも、信仰生涯の長い方も同様であろうと思います。アブラハムやイサク、ヤコブ、モーセ、ヨシュア、ダビデ、ソロモン、イザヤ、エレミヤ、ダニエルなど、新約聖書もそれ以上に知っているのです。

多分、日本の歴史以上に知っているかもしれません。

わたしたちは、聖書を読むとき、信仰の書、歴史の書として読むのです。詩編や箴言は文学と言われます。そのように読むのです。ただし、聖書は科学の書ではありません。科学的実証でもって、物理や化学の定理、法則を解き明かしているのではないのです。

ですから、創世記の11章までを読むとき、「それは荒唐無稽、神話・伝説の類である。何ら科学的ではない」。そう言われても、その通りだと認めざるをえないのです。

たとえば、創世記1章は、天地創造の物語です。神が天地を創造された。それも6日間で創造されたのです。そして、6日目の最後のところで、人間を造られたとあります。

一方、現代的な教育を受けているわたしたちは、宇宙はビッグバンという爆発で誕生している。わたしたちの住む地球は宇宙の中心ではなく、宇宙の片隅にある銀河系の、それもちっぽけな太陽系の中にあり、大宇宙から視ると、地球はほこり、ちりのような存在でしかないのであります。そういうことを教育されているのですね。
しかも、生命は何億年という時間をかけて、海にいた動物が陸にあがり、進化していく。その進化の過程でヒトは猿から進化した。これが、わたしたちが教えられている命の誕生、人間の誕生であります。

聖書は、まったく単純です。宇宙、天地万物は神が創造された。
そして、神はご自分にかたどって人を創造されたのです。

わたしは科学者ではありません。科学の教師でもありません。聖書の教師ですし、キリスト教の信徒、牧師であります。わたしたちは、科学を学ぼうとしているのではありません。聖書の言葉、神の言葉を聴こうと教会に来ているのです。しかも、ここでは、礼拝がなされています。礼拝とは、信仰告白です。その日曜日ごとの確認と神の恵みの更新なのです。そこに、わたしたちは神を観ます。霊の目で神を観奉《みたてまつ》るのです。心からの礼拝をささげるのです。神との交わりです。主なる神の臨在を覚えて、神に近づき、交わるのです。神はわたしたちを御許《みもと》に引き寄せてくださいます。子どもが親の元に近づき、ひざに乗る。そのような親近感で神と共にいるのです。

礼拝とは、ひざまずき、頭をたれ、ひれ伏し、額づく行為です。イスラム教の信徒はどこにいようと、誰がいようと、時間が来れば、一日4回メッカに向かって、礼拝を献げます。ひざまずき、ひれ伏し、額づいて礼拝を献げるのです。

キリスト教は跪き、ひれ伏すことはしませんが、こころでそれを行うことは大事です。

2　光と闇

初めに、神は天地を創造された。地は混沌であって、闇が深淵の面にあり、神の霊が水の面を動いていた。神は言われた。「光あれ。」こうして、光があった。神は光を見て、良しとされた。神は光と闇を分け、光を昼と呼び、闇を夜と呼ばれた。夕べがあり、朝があった。第一の日である。


聖書にそう記されています。この文章を書いた人が天地創造の現場にいたわけではありません。聖霊の霊感によって記されたと伝統的に解釈されています。

全世界には各民族に創造神話があります。その中のいくつかの民族は、創世記に似た神話を持っています。問題は、わたしたちがこの言葉を神の現実として受けとめるかどうかにあるのです。

盲目の青年がいました。彼は生まれつき、目が見えませんでした。光を知らないのです。しかし、親から愛されていました。目が見えないことで、親が不憫《ふびん》に思い、大切に育てられました。長じて、彼は自立しなければなりません。仲間、友人、社会、生きていかねばなりません。生きていくというのは、食べていくということです。働くということです。親はいつまでも生きているわけではありません。先に死ぬのです。働きつつ、悩みます。何故、自分は他の人と違うのだろう。何故、目が見えないのだろう。他の人は、一人で歩けます。字が自由に読めます。

自分は何のために生きているのだろう。目が不自由で、こんな障がいを持って、生きている。そこに意味があるのだろうか？　そう思い、いつか死にたいと思うようになったのです。自殺を試みました。しかし、死ななかった。むなしく、味気ない人生しか残りませんでした。

そんな彼に福音が届けられました。同じ病院に入院した女性が話しかけるようになり、聖書の話をするようになったのです。彼女はクリスチャンでした。はじめは、神など考えることもなく、むしろ否定的でした。神がいるなら、なぜ、自分は盲目で生まれてきたのだ。なぜ、苦しまなければならないのか？　そう女性に問いかけます。女性は答えることができません。しかし、一緒になって苦しんでくれるのです。

あるとき、女性が聖書を読むようになり、彼は静かに聴こうと思いました。心が穏やかになっていたのです。女性が読んだ聖書は、創世記でした。

初めに、神は天地を創造された。地は混沌であって、闇が深淵の面にあり、神の霊が水の面を動いていた。神は言われた。「光あれ。」こうして、光があった。神は光を見て、良しとされた。

聖書が読まれた時、彼の心の目に光が射したように感じました。今まで、闇でしかなかった心と目に光が射したように感じたのです。心が熱くなりました。

「光あれ。こうして光があった」

そこから彼は、聖書を読むようになり、神を信じたのです。

今、彼は牧師となっています。奥さんが伴侶として、ともに牧会と伝道に励まれています。同じように障がい（ハンディキャップ）を持っている人たちを励まし、慰めているのです。

神の言葉が人を生かすのです。聖書の言葉が今まで、何人の人を生かし、勇気付け、愛と真実に生きる希望を与えたことでしょうか？

3　創造と救済

聖書のはじめは創世記であります。そして最後はヨハネの黙示録です。宇宙のはじめであり、人間の創造と歴史がここから始まります。そして、ヨハネの黙示録は世の終わりの記述です。聖書のメッセージは始めがあり、終わりがあるのです。

いつ始まって、いつ終わるか分からない、のではないのです。そこに神の介在、神が共におられて、必要な助けと力、愛、生きるために必要な一切を与えてくださる。

これがわたしたちの信じる神です。

神の創造の御手《みて》は、人間の救済《きゅうさい》です。

神が創造主《そうぞうぬし》であるということは、人間が神とならないということです。それ以外のあり方は、人間が神となるということです。人間の自己神化。

人間は自分自身を救うことはできません。

神の前に謙《へりくだ》り、自分を神の前に投げ出し、献げるときに、人は救いを体験できるのです。

創造の秩序を破ったところに人間の苦悩、痛み、死、破壊と混沌が入ってきます。その根底にあるものこそが、人間の自己神化です。アダムとエヴァ、カイン、ノアの洪水、バベルの塔と、創造主と対立する問題が起こります。このことは、順を追って共に学びましょう。

最後に、救いとは何か？　自己が自己としてその存在を認められるところ、生きる意味が与えられていること、生かされていることを実感し、感謝し、そのように生きること。いのちそのもの。すなわち、愛と希望と平和、すべてのよきもの、潔さ、聖そのもの……一切の存在の善。神は善そのものでいらっしゃいます。その神が人間をご自身の善、いのちを与えようとされる。そこに神の愛があるのです。それはイエス・キリストに現されているのです。

神の祝福を受けること。そこには、わたしたちの喜びと感謝、そして霊とまことをもって礼拝するいのちの表出があるのです。

イエス・キリストの十字架の贖いによっていのちが回復し、新しい創造に導かれるのです。そこにまことの救いがあります。

神がすべてを「良しとされた」という神の祝福を受けるところに立ち返るのです。

人間の誕生（創世記1章26～31節）

1　人間とは何か？

ゴーギャン展が東京国立近代美術館で開催されていたので鑑賞にいったことがありました。5年前のことです。ゴーギャンは、パリの文明社会から南太平洋の楽園、タヒチに逃避行するかのように渡って画業に専念します。タヒチの自然や宗教、現地人の女性を題材にとった絵を精力的に描きました。しかし、描いた絵が思うように売れず、極度の貧困に悩まされます。おまけに、健康の悪化などで精神的、経済的な困難に見舞われるのです。決定的なダメージは、最愛の娘が亡くなり、深い悲しみと絶望に襲われるのです。そんな状況の中で描かれたのが、有名な遺作ともいわれる壁画でした。139センチ、

374センチの大作を描きあげます。その絵の題名は「我々はどこから来たのか？　我々は何者か？　我々はどこへ行くのか？」でした（写真、ウィキペディアより）。それは、ゴーギャン自身が辿った人生、社会を視る目から生まれたものでした。哲学的、思索的、文学的な問いかけであります。

現代のわたしたちも、文学的、思索的に、また芸術においても問いかけます。

本日の聖書、創世記の1章を読み、説教の準備をしている時に、この人間とは何者なのか？　どこから来て、どこへ行くのか？　そのような問いかけが、天地創造の物語とその最後の日において神が人間を創造されたことにつながるのではないか。そのように感じたのであります。聖書が天地創造と人間の誕生に込めた意味と目的がある。その意味と目的とは何だろう？　人間がその歴史において、個人的においても、社会や民族、国家という広範囲の場合においても、人間の創造の意味と目的、それのみならず、世界の創造の意味と目的があるのではないか。

同じように、聖書の著者もその解明と答えを模索しつつ、精神の格闘をして探り当てたもの、それがこの創世記における6日目の人間の創造ではないか？　そのように思うのです。

２０１１年3月11日、あの東日本大震災が起こりました。数万の人が津波で流され、フクシマ原発が崩壊した影響で何千人もの人が住む家を追われました。放射能の影響は、今も、これから数十年も残っていくのです。それでも、残された者、それはわたしたち日本人であり、東北人、関東人です。復旧、復興を合言葉に生きていくのです。

つまりこういうことです。人間の思いを超えた自然の猛威、事故が起こります。そして、東日本大震災にもかかわらず、なお人間が生まれ、生き、そして死ぬ。生きるとは何か？　死ぬとは何か？　どこへ行くのか？　わたしたちはその問いかけを見出すのです。

現代に生きるわたしたちは、そう問いかけることを忘れてしまっているのではないか？　ぽっと出の若者ではありません。しかし、いくつになっても問わずにはいられないものがあるはずなのです。ポール・ゴーギャンは最愛の娘を亡くし、深い悲しみと絶望の中で、貧困と肉体の病の最悪の環境の中で、「我々はどこから来たのか？　我々は何者か？　我々はどこへ行くのか？」という題名の壁画を描きました。

聖書神学と申しますか、聖書の成り立ちを神学校では学びます。実は、その学びの中で、聖書は資料説といって、現在の聖書、特に創世記において、いくつかの資料があり、その資料を題材にして、現在のような創世記として編集されたのだという説があるのです。神学です。

その説によれば、イスラエルは民族的な存亡の危機に陥りました。バビロン捕囚です。国が崩壊し、王侯貴族、祭司、高級官僚、軍人、大商人、インテリ、長老たち、技術者たち、おもだった指導者がイスラエルから遠い国のバビロンに捕囚に遭うのです。強制連行です。

そのバビロンに移された人たちが、自分たちのこれからの運命はどうなるのか？　民族は？　国家は？　神は自分たちを見捨てられたのか？　神はどのようなご計画をもっておられるのか？　その真摯な問いから、この創世記が生まれたと考えられるのです。

小原十三司牧師（東京・淀橋教会、1890~1972）はその信仰生涯の中で、ロマ書8章26節を愛したといわれます。

神を愛する者たち、つまり、御計画に従って召された者たちには、万事が益となるように共に働くということを、わたしたちは知っています。

万事を益とされる神を信じること。そこにイスラエルの民族的な信仰があるのです。捕囚によって、国が滅び、エルサレム神殿が破壊された。精神的な支柱が消滅したのです。それでも、彼らは生き、子孫を残します。

人間とは何か？　どこから来て、どこへ行くのか？

その問いかけを行い、その行く道筋のすべてを神に置いたのです。

神にすべての存在の根拠を置く。生きる意味も目的も、いのちも神から与えられた。これが、創世記の著者が把握した真理です。発見したと申しますか。いや、与えられた答えなのです。神から・・・

2　神にかたどられたもの、神に似せて造られたもの

神が6日間で天地を創造され、6日目に生き物を創造されたのでした。24節です。

神は言われた。「地は、それぞれの生き物を産み出せ。家畜、這うもの、地の獣をそれぞれに産み出せ。」そのようになった。神はそれぞれの地の獣、それぞれの家畜、それぞれの土を這うものを造られた。神はこれを見て、良しとされた。

そして、ついに創造の最後の時に、神は人間を創造されたのです。26節――。

神は言われた。「我々にかたどり、我々に似せて、人を造ろう。そして海の魚、空の鳥、家畜、

地の獣、地を這うものすべてを支配させよう。」

27節では聖書は繰り返します。

神は御自分にかたどって人を創造された。神にかたどって創造された。男と女に創造された。

「かたどり、神に似せて」という言葉は、ヘブル語ではツェレムであります。これは、「写し」と訳す人もいます。コピーですね。「影が映る」とか「物を移す」という意味があるそうです。（太田道子著『ことばは光』）

神の似像、ラテン語では「イマゴ・デイ」、イメージです。コンピューターなどITでいうイコン、画像ということもあります。

神に似たものとして造られた。それは他の被造物とは異なる存在であるということです。

神の何に似せて造られたのか？　古来、いろいろな意見、説がありますが、わたしは神のDNA（遺伝子）を与えられたものだと理解しています。神のDNAとは、何だろうか？

神の遺伝子とは何？　聖霊は種とも訳されます。スペルマです。性質は、神の愛、神の聖、神の知恵ではないかと考えられます。

ルカ福音書3章では、イエス・キリストの系図が記されています。そこでは、イエスのヨセフからさかのぼって、アダム、神に至るとあります。いのちの系図は神にさかのぼるのです。神のいのちが受け継がれているのです。

神が人間を創造され、その人間に被造物を支配するように託されていることは、支配する力、知恵を与えられているということです。

3 草食に現された神の祝福、支配の委託

神が人間を創造された目的は、支配ということです。これも2度、繰り返されます。26節と28節です。この支配という言葉は、統治とか治めるという意味です。統治、支配はもともと神の特権のものです。神は天地の創造者、全能の神であります。その神が、ご自身が創造されたものを人間の手にお任せになられた。人間の手に委ねられたのです。

この治めるとは、権力で支配するのではなく、お世話をするという意味合いがあろうかと思います。かってに殺して食べてよいといわれているのではありません。動物との共存です。羊飼いが羊を導く。

羊飼いは神ご自身です。羊はわたしたち人間です。お世話をし、安全なところに導く。支配することは仕えること、奉仕すること。いのちを奪うような力の行使ではなく、むしろ羊のためにいのちを捨てること、それが羊飼いの任務であります。

それはわたしたちの主イエス・キリストが羊飼いとしてわたしたちを導かれ、世話をされるのと同じです。ですから、写しとは、つまり神に似せて造られるとは、わたしたちも同じように羊のお世話をする。これが、人間が造られた目的であるのです。

ここで注目すべきことは、人間は草食であったということです。動物もまた草食でありました。29～30節。

そういう形で、人間と被造物は共存していたのです。肉食が許されたのは、ノアの洪水のあとでした。9章に記されています。罪の結果であります。そのあとに、バベルの塔の混乱と無秩序の世界が広がっていきます。被造物が虚無に服していくのです。被造物が贖われるのは、御子の再臨の時であります。（ローマ書8章18～25節）

イザヤ書11章は、平和の主が来られる時、万物が改まる時、創造の秩序が回復すると預言されています。

狼は小羊と共に宿り
豹は子山羊と共に伏す。
子牛は若獅子と共に育ち
小さい子供がそれらを導く。
牛も熊も共に草をはみ
その子らは共に伏し
獅子も牛もひとしく干し草を食らう。
乳飲み子は毒蛇の穴に戯れ
幼子は蝮の巣に手を入れる。
わたしの聖なる山においては
何ものも害を加えず、滅ぼすこともない。
水が海を覆っているように
大地は主を知る知識で満たされる。

主イエス・キリストの再臨の時、万物は改まります。ヨハネの黙示録では、その有様が預言されています。神から委託された支配を主イエスにお返しし、主イエスを中心に世界が動きます。わたしたちはその信仰をもって、今を生きるのです。

創世記の1章。その最初の天地創造の物語は、実は聖書の最後の物語とつながっているのです。そこに神のご計画があり、主イエス・キリストの贖《あがな》い、十字架の血潮による世の完成へと導かれるのであります。わたしたちは、そのことを確認し、聖書を読み進めていくのです。

アダム（創世記2章1〜9節）

人は召されたとき、告別式のあと火葬をいたします。その時に祈る祈りに次のような言葉がありま す。「土は土に、灰は灰に、塵は塵にかえします」。そのように祈ります。人間は土から造られた。これは厳粛な事実です。人間は永遠に生きることはありません。形あるものは朽ちていきます。腐敗し、崩れ、壊れていくのです。

近年、科学は宇宙の成り立ちは、宇宙に漂うちりによって造られたと言明しています。そのちりは、どこから産み出されたのでしょうか？　それに対する説明は科学もしていません。

生命のすべては、土に帰る。これは、科学も宗教も等しく言えることだと確信します。

しかし、神はその土から人間を造られたのです。そして、土に神の息を吹き入れられ、生きたものとされたのです。

主なる神は、土（アダマ）の塵で人（アダム）を形づくり、その鼻に命の息を吹き入れられた。人はこうして生きる者となった。

さて、本日の説教題は「アダム」です。

アダムについて、後ほど述べますが、1節から4節までをまとめますと、次のようになります。

1　天地創造の完成

1節。

天地万物は完成された。第七の日に、神は御自分の仕事を完成され、第七の日に、神は御自分の仕事を離れ、安息なさった。この日に神はすべての創造の仕事を離れ、安息なさったので、第七の日を神は祝福し、聖別された。これが天地創造の由来である。

この記事は、創世記1章にある天地創造の結果であります。本当は、神は6日をかけて天地万物を創造されたのですが、7日目に安息された。その7日目を含めて天地創造は完成されたのです。従って、神が安息日を設けられたことによって完成された。このことは大切ですね。

わたしたちは、一週間、6日間働きます。このごろこそ、週休2日が日本で定着してきましたが、昔の日本は盆と正月しか休めない。そんな社会であったと思うのですね。封建制です。イスラエルは奴隷制の時代です。そんな社会で一週間に一日を休みとする。これは画期的です。奴隷も召使も休みをとる。その休みをもって、一週は完成するのです。休みがなければ、完成しない。これが聖書の世界観であります。そこに、神の恵みと神の愛を見るのです。

完成された世界であっても、なお、神は、いまも働いておられます。詩編121編4節では、

見よ、イスラエルを見守る方は
まどろむことなく、眠ることもない。

神は人間のために休むことも眠ることもないというのですね。

イエス様もヨハネ5章17節。

「わたしの父は今もなお働いておられる。だから、わたしも働くのだ。」

そう仰っておられます。その働きとはなんでしょうか？　人間の救済です。被造物の贖いです。（ローマ書8章18～30節）

また、聖霊なる神が働いておられるからこそ、教会の伝道が進み、滅び行く魂に宣教のみ言葉と神の光が照らされて、救いにあずかるようになるのです。

そして、究極的な神の創造の世界の完成は、主イエスの再臨であります。主イエス・キリストによって、万物が新しくされるのです。（黙示録22章）

2　安息

この「安息」は、重要な聖書の言葉です。神が安息されたゆえに、人間も安息する。安息の意味と目的があります。

意味とは、喜びです。祝祭ということができます。

1章の最後、31節を読みましょう。

神はお造りになったすべてのものを御覧になった。見よ、それは極めて良かった。夕べがあり、朝があった。第六の日である。

そして、2章1節です。「天地万物は完成された。」

これは何と言えばよいでしょうか？　いわば、神の自画自賛です。良かったという言葉を神は5度発せられます。これは天地創造の3日目です。10節、12節「神はこれを見て、良しとされた」4日目にも、18節「神はこれを見て、良しとされた」5日目にも21節「神はこれを見て、良しとされた」6日目にも25節「神はこれを見て、良しとされた」と言われるのです。そして最後に31節「神はお造りになったすべてのものを御覧になった。見よ、それは極めて良かった。夕べがあり、朝があった。第六の日である。」

これはご自分の創造を振り返って総括されたのですね。「極めて良かった」。

無駄なものは何もない。すべてがよい。

宇宙も地球も被造物、生きとし生けるものに対して、神は「極めて良かった」と自画自賛されておられる。すべてが神の御手にあり、神のご計画のうちにあるということです。神は、意味も目的なくして創造されないということです。

詩編19編2節――。

天は神の栄光を物語り
大空は御手の業を示す。

3　アダム

天地創造の最後に人間を造られた。しかも、神の像として、神にかたどって造られた。（1章27節）1章26節以下に人間を創造されたと記されています。いままた、2章6節以下に具体的に土から造られたことを記します。そのことで、聖書は何を読者に、そしてわたしたちに、言おうとしているのでしょうか？

はじめに、火葬で祈る祈りについて申しました。土は土に、灰は灰へ、塵は塵にかえるのだと。それは所詮、人間は虚しいものだ。はかないものだ。死すべきものだ。そのように言いたかったのでしょうか？　そのような教えとして受け取っていいのでしょうか。

いや、人間も神の御手のなかで、最高のものであり、神にとって最高の宝である。そのように創造されたのだ。だからこそ、31節「極めて良かった」とご自身が喜ばれたのです。

そして、詩編102編19節――。

主を賛美するために民は創造された。

造られた者が造ったお方を賛美する。それは同時に、造られた者が自分を肯定し、喜ぶことでもあります。そうでないと、どうして創造者を賛美できるでしょうか？

「よく、こんな不細工に、不完全に、中途半端に造ってくれたな!?」わたしたちはそのように、創造者であられる神に恨みつらみを訴えるでしょうか？

「あんたの造ったものは、全部駄目だ。いい加減だ。滅茶苦茶だ!!」

そう言えば、自分自身を否定し、罵倒し、価値を貶めるのです。

賛美とは、礼拝です。神を礼拝するために創造された。

また、わたしたちは、神のよい作品として創造されています。しかも、完璧な作品と創造されているのです。中途半端なところがあるとすれば、そこに自己中心、罪があって、作品のよいところを出せないでいるのです。

エペソ2章10章「わたしたちは神の作品であって、良い行いをするように、キリスト・イエスにあって造られたのである。神は、わたしたちが、良い行いをして日を過ごすようにと、あらかじめ備えて下さったのである。」(口語訳)

アダムとは、土(アダマ)の塵で人(アダム)を形づくり、その鼻に命の息を吹き入れられた、とあります。アダムとは、個別の人間ではなく、人間一般を指しています。(SF小説、映画でいう、ロボット第一号という感じでしょうか? そこから同じ型のロボットが無数に製造される……)

しかし、アダムは生きる者であります。そのアダムを神は、8節以下にあるようにエデンに園を設け、そこに置かれたのであります。

さて、アダムとは、誰でしょうか?

いろいろな解釈があります。無数の神学があります。しかし、誤解を恐れずに申しますと、アダムはわたしであり、わたしたちであります。聖書を読む、一人ひとりがアダムなのだということです。そのように読むことで、神とわたしたちとの関係、信仰者の生き方、教会のあり方が読み取れるのではないでしょうか? 原始人として創造された人間だとすれば、はっきりいって、アダムはわたしと何の関係もないのです。アダムがわたしであるからこそ、キリストの十字架の贖い、再創造、キリストと共に死に、キリストと共に甦る、神の再創造がわたしを通してなされるのです。意味を持ってくるのです。

もう一度申しますが、アダムは遠い、原始人のことではなく、このわたしであるという思いで読まない限り、神の愛と恵み、キリストの復活のことが現実のこととして生きてこないのではないか。そのように考えます。

神がわたしを創造されたゆえにこそ、神は最後まで責任をとって守り、導かれる。アダムのその後のように、です。もちろん、アダムは罪を犯し、その妻と共に堕落します。それは同時にわたしたちの運命でもあるのです。しかし、神はアダムとエバを罰せられますが、赦しと愛をもって、二人を導かれます。神はわたしたちの罪と汚れを罰せられますが、なおキリストの十字架のゆえに罪を赦し、永遠の命にわたしたちを導かれるのです。

復活の主イエス様は、弟子たちに現れて、息を吹きかけ「聖霊を受けよ」と言われます。信仰的に死んでいた弟子たちが、息を吹きかけられ、聖霊を受けて、復活するのです。

神の創造の御手は、わたしたちの永遠のいのちにかかわっているのです。そのことを信じ、これからも創世記を読み進めてまいりましょう。

エデン（創世記2章10～15節）

岩手にいた関係で、青森や秋田の北東北をよく回りました。奥羽教区60教会、伝道所の小世帯であります。よく、青森や秋田の教会にも行きました。ところで、青森と秋田の県境一帯に白神山地があります。世界自然遺産になっているくらいに自然が豊富な山地です。どこまで行っても、ブナの原生林が広がり、きれいな水が流れています。手つかずの自然がいっぱいです。

1　自然

本日の聖書ですが、10節以下――。

エデンから一つの川が流れ出ていた。園を潤し、そこで分かれて、四つの川となっていた。第一の川の名はピションで、金を産出するハビラ地方全域を巡っていた。その金は良質であり、そこではまた、琥珀の類やラピス・ラズリも産出した。第二の川の名はギホンで、クシュ地方全域を巡っていた。第三の川の名はチグリスで、アシュルの東の方を流れており、第四の川はユーフラテスであった。

当時、知られていた世界です。そこには、中国もインドも、当然、日本もありません。エデンは、東方にある園、庭園と考えられています。わたしたちは、一般に楽園（パラダイス）であると認識しています。

しかし、考えられるのは、人がまだ入らない原生林、手つかずの自然環境です。排気ガスも、二酸化炭素もありません。もちろん、原子力発電の崩壊による放射能もありません。神が創造された世界。動物、人間が住むに適した環境です。食べるものにも事欠きません。自給自足の生活です。

2　農

主なる神は人を連れて来て、エデンの園に住まわせ、人がそこを耕し、守るようにされた。（15節）

農の問題はとても大切です。わたしたちが食べる食料と飲む水です。現代日本の食糧自給率は40パーセントといわれます。残りは外国から輸入しているのです。そこには農薬の問題があります。効果的な栽培と収穫のために、肥料を用意します。肥料の多くは、化学肥料です。また、害虫予防のために農薬を撒布します。それは、健康を害するのです。

また、食品加工上のいろいろな問題があります。食品添加物、アレルギー、ガンになる可能性が分かっているものを添加物として取り入れているのです。農林水産省は許可しています。

かつて、公害がありましたね。水銀汚染によるイタイイタイ病（岐阜県の三井金属鉱業神岡事業所（神岡鉱山）による鉱山の製錬に伴う未処理廃水により、神通川下流域の富山県で発生した公害で、日本初の公害病で四大公害病の一つである）、チッソの水俣病（メチル水銀化合物〔有機水銀〕による中毒性中枢神経系疾患のうち、産業活動が発生源となり、同物質が環境に排出され、食物連鎖によってヒトが経口摂取して集団発生した場合に言う。一九五六年五月に熊本県水俣市にて公式発見され、一九五七年に発生地の名称から命名された。その後、類似の公害病にも命名されている。）、自動車の排気ガスや工場からでる煙などの汚染による川崎病など。今、同じ問題を中国は経験しています。北京に行くと、空気が淀み、呼吸できない。ＰＭ２・５という有毒物質が蔓延している空気を吸っているのです。その大気が偏西風に乗って、日本にも来ています。肺ガンの発生率は高いと言われています。

自給率のことを申しました。先進国では最低の自給率なのです。アメリカは自給率１２５％です。これは足りている。従って、自国だけの消費では余ってしまう。そこで輸出するのです。オーストラリアは、自給率２５０％です。国の農業は、輸出するためにあるのです。

耕すとは、原語ではアーバドです。これは奴隷として仕えるという意味があります。アーバドと同じ語幹をもつエベドは、奴隷という意味になります。イザヤ書の「苦難の僕《しもべ》」は「エベド・ヤハウェ」神の僕と訳されます。アダムは「土」から造られたのです。その延長線上で言えば、奴隷として仕えるアダムは、誰に仕えるのか？　人間が自然を支配する現代です。聖書は、むしろ自然に仕える、自然に奉仕する役割を人間は与えられたのではなかったでしょうか？　アダムは、農業従事者でありま す。農は、苦難なのでしょうか？　農は、もともと農業従事者を幸せにするものだと思います。土と向き合って生きる。そこに生産があり、生きがいがあるといわれます。今日、不登校の子どもたちが農村に行って、田畑で農業の手伝いをすると、活き活きしてくるといわれます。都会の子どもたちが農村に行くと、活き活きしてくるのです。そのような形で、リハビリをする。農は、いのちと向き合うものなのです。

農家の方たちは、目が輝いている。そう聞いたことがあります。生産的であることは、生き方を知っているということです。空を見る、空気を感じる、水に触れる。苗を植える時を知っている。成長する時も知っている。刈り入れ時を知っている。熟す時を知っている。自然そのものと生きている。土と共に生きる、その生活が農家の方たちを力強くしていると言ってもいいでしょう。

もちろん、自給率やＴＰＰ（環太平洋経済連携協定）の問題もあります。

エデンの園は穏やかで、平和な田園風景があります。戦争も差別、格差もない。アダム一人の世界です。もちろん、動物もいますが、そこには肉食には至っていません。肉食は、堕罪から起こったものです。

3 人間——一人

アダム——人間は耕す者であったのです。何を耕すか。土です。土から造られた者が土を耕す。いのちを養うために。守るために。破壊ではない。支配でもない。

一人ということは、何もないということと同じです。当然対話も会話もありません。感情の行き違いもなく、従って喧嘩もありません。争いがないのです。争う相手がいない。そこには、時間の流れは止まったままです。歴史がないのです。死もない。死が入ってきたのは、堕罪からです。

アダムは誰と会話していたのか。生活する相手は？　話し相手は？　感情の交流は？　神とですね。そこでアダムは満足したでしょうか？　それすらも分からない。寂しい、孤独だという認識すらないでしょう。

子どもはお母さんと一緒にいることで満足するのです。永遠に一緒にいることはできません。成長すると離れていくものです。

神がアダムにパートナーを造られます。エバです。そこに神の配慮があります。

「人が独《ひと》りでいるのは良くない」（18節）のです。

つまり、神はパートナーをアダムに与えられたことは、罪を予想されていたといえるのではないか？

それをすることが、神の計画だからです。退屈さのために、人間を愛するために、神のひとり舞台か？

そこには、もう一人の人間が必要です。エバです。

エバによって、つまり二人になることで、対話と交わりが生じるのです。罪も生まれるでしょう。

エバについては、次回の説教にいたします。創世記の2章までに限定して言えば、地上では人間はひとりであったということです。SF映画を観るように、宇宙船に乗っているのは、一人だということです。もちろん、目に見えない神が共におられるのですが……。

想像していただければ、地上では誰もいない。自分しかいない。そういう世界を思うと人間は気が狂ってしまうかもしれません。言葉もないでしょう。心も理性もない。そういう世界であるかもしれません。色彩のない、モノクロームの世界。白黒の世界。その世界に真のいのち、喜び、感謝、こころ、考えること、笑うことを分かち合うことができる相手、それがエバでありました。

そこに神の導き、ご計画、創造の御手があったのです。

エバ（創世記2章16～25節）

今日の聖書の箇所は、とても大切なところです。聖書全体の鍵があるように思えてなりません。ここには、創造と誕生の物語が示されています。啓示されているのです。

1　愛に基づく管理

1月の第4週に説教しました。アダム。覚えていらっしゃるでしょうか。15節――。

主なる神は人を連れて来て、エデンの園に住まわせ、人がそこを耕し、守るようにされた。

「耕し、守る」、農の問題はとても大切です。神が創造された人間、アダムに委ねられた仕事があります。その第一は、エデンの園の管理です。耕し、守る。「耕す」は奴隷として仕える。「神のしもべ」なのです。誰の奴隷でもない。ここでは神とアダムしかいないのです。

仕事だと申しました。神が創造された園の秩序を維持し、守る。自然を愛する。愛でる。愛することなくして、管理できないからです。

牧師は神様から召命を受けて、教会の管理を任せられます。会社や団体、運営を委ねられているところでは、そこに置かれているという神の召命を感じておられるでしょう。

そこにあるのは、愛だと信じます。いやいやではない。喜び、感謝、管理する、仕えることの喜びです。その原動力は愛です。仙台青葉荘教会を愛するのです。

主なる神は人を連れて来て、エデンの園に住まわせ、人がそこを耕し、守るようにされた。

この「人」というところに、ご自分のお名前を入れる。「エデンの園」というところに会社の名前、職場の名前、主婦ならご自分の家庭、家、学生なら何々大学、高校の名前をあてはめます。そして、声を出して言うのです。宣言すると言ってもいいでしょう。

「神は、わたしを連れて来て、仙台青葉荘教会に住まわせ、わたしがそこを耕し守るようにされた」。

2　善悪を知る木の実

主なる神は人に命じて言われた。「園のすべての木から取って食べなさい。ただし、善悪の知識の木からは、決して食べてはならない。食べると必ず死んでしまう。」

3章になって、本題に入ります。しかし、2章全体は推理小説のようです。というのも、とくに正統的な推理小説は、あらかじめ伏線と申しますか、舞台が急転していくための前提として、材料を全部読者に洗いざらい提供します。登場人物、背景、人間関係、そういう伏線を張って事件が起こるのです。誰が犯人か？　その動機は何か？　事件前の、のどかな風景。憎しみも恨みもないような人間関係を描き出して、その裏に潜んでいる人間の欲望や悪を動機として事件が起きるのです。

この2章で、旧・新約聖書全体にわたってカバーするテーマのすべてが聖書の著者によって、鏤《ちりば》められている。そういっても過言ではないでしょう。これは、新しい発見です。

ここで、事件が起こります。それなしには、歴史が始まらない。つまり、「わたし」という人間さえも生まれない。そんな事件が起きるのです。事件の張本人は、エバです。しかし、その背後に、アダムがおり、蛇がおり、それらを創造した神がおられるのです。

神が創造された世界。完全で、完璧であるはずの世界に、一つの瑕疵《かし》（過ち）があったのか、そこから汚染され、それがまたたくまに全体に増え拡がり、ついには神の創造された世界が最初と全く異なってきたのであります。

失楽園が起こり、人間は惑い、さ迷い、行き先も見失う運命に流されるのであります。

しかし、このことは3章のことです。次回にとっておきましょう。ここで注意し、覚えておくべきところは、善悪の知識の木のことが何気なく、さっと、言われていることです。

しかも、何の前提もなく、前後の文脈と関係なく、語られているのです。

この善悪の知識の木は、3章になってはじめて重要な地位を占めることが明らかに示されます。

3　命名

主なる神は言われた。「人が独りでいるのは良くない。彼に合う助ける者を造ろう。」主なる神は、野のあらゆる獣、空のあらゆる鳥を土で形づくり、人のところへ持って来て、人がそれぞれをどう呼ぶか見ておられた。人が呼ぶと、それはすべて、生き物の名となった。

名前をつける。神が人間に委ねられた仕事です。人間の仕事の第二は、名前をつけること。第一は、支配する（治める）ことでしたね。大切なことです。命名する。命の名です。いのちを名付ける。お七夜、7日目に命名する伝統、風習があった。

聖書──8日目にヨハネの父ザカリヤは命名します。すると口がきけなくなっていたザカリヤは口がきけるようになった。そして、神を賛美するのです（ルカ1章57節以下）。

イエス様──ルカ2章21節「八日たって割礼の日を迎えたとき、幼子はイエスと名付けられた。これは胎内に宿る前に天使から示された名である。」

名前は神様がつけるのではないのですね。たとえば、犬がいるとします。はじめて犬を見る子ども「あれ何？」と子どもが叫びます。親は、「あれは犬と言うんだよ」と答えるのです。皆さんも経験があるでしょう。子どもの時、大人になった時、親になった時も。

「これは何？」、そう訊かれて、なんと答えますか。犬という名前、猫という名前。それぞれに固有の個体があります。それは、犬という動物のいのちです。猫という動物のいのちです。名前をもって、いのちを知り、学ぶのです。

「人が呼ぶと、それはすべて生き物の名となった」（19節）。意味深い言葉です。こうして、アダムは動物を管理するのです。これも愛ですね。

4　相応しい助け手

創造主なる神は、はじめ土から造られたアダムの助け手として動物を当てられました。しかし、動物は助ける者とはならなかったのです。そこで、神がなさったのは、女を造られたのです。（20〜24節）

人はあらゆる家畜、空の鳥、野のあらゆる獣に名を付けたが、自分に合う助ける者は見つけることができなかった。主なる神はそこで、人を深い眠りに落とされた。人が眠り込むと、あばら骨の一部を抜き取り、その跡を肉でふさがれた。そして、人から抜き取ったあばら骨で女を造り上げられた。主なる神が彼女を人のところへ連れて来られると、人は言った。「ついに、これこそ／わたしの骨の骨／わたしの肉の肉。これをこそ、女（イシャー）と呼ぼう／まさに、男（イシュ）から取られたものだから。」こういうわけで、男は父母を離れて女と結ばれ、二人は一体となる。

子どもの時、よくことば遊びをしました。卵が先か、鶏が先か。この議論は堂々巡りをするわけであります。同じように、男が先か、女が先かという議論もあるのです。男を含めてすべての人間は女性から生まれるわけです。その女性はどこから生まれたか？

聖書は、神が先だといっています。すべての存在に先立ちて、神がおられる。神こそが一切の存在を創造された。

男が女を支配する。そのような形で造られたのではありません。あばら骨とは、一体であることを象徴するものであります。二人は一体となる。自分に合う助ける者として造られたのです。

神の配慮。「人が独りでいるのは良くない。彼に合う助ける者を造ろう」

人間は、孤独では生きることができないということです。彼に合う助ける者とは、ヘルパーではありません。助手でもありません。パートナーですね。同等であります。

人間は支配的な関係を持とうとします。どちらが上か下か。どちらがえらいか、劣っているか。そういう関係で生きていく。ここに人間の疎外があります。家族も同じです。子どももまた、親が上で子どもは下。従属関係で考えます。本当は、子どもは保護するもの。守るべき者。神からの与えられたもの。感謝です。愛情です。しかし、子どもを私物化することで、子どもを疎外するのです。パートナーとは、ともに向き合う存在として生きていく。そこに助けあう者という意味がでてきます。

前回、アダムは基本的にわたしたちであると申しました。アダムがわたしでなければ、もうわたしという人間と関係のない存在なのです。

アダムとは、誰でしょうか？

いろいろな解釈があります。無数の神学があります。しかし、誤解を恐れずに申しますと、アダムはわたしであり、わたしたちであります。聖書を読む、一人ひとりがアダムなのだということです。そのように読むことで、神とわたしたちとの関係、信仰者の生き方、教会のあり方が読み取れるのではないでしょうか？　原始人として創造された人間だとすれば、はっきりいって、アダムはわたしと何の関係もないのです。アダムがわたしであるからこそ、キリストの十字架の贖い、再創造、キリストと共に死に、キリストと共に甦る、神の再創造がわたしを通してなされるのです。意味を持ってくるのです。

もう一度申しますが、アダムは遠い、原始人のことではなく、このわたしであるという思いで読まない限り、神の愛と恵み、キリストの復活のことが現実のこととして生きてこないのではないか。

そのように申しました。覚えていらっしゃるでしょうか？　同じことをエバにも言えるのです。エバは、人間の母です。同時にすべての女性の母でもあります。そして、エバは、わたしでもあるのです。なぜなら、アダムもエバも一体だからです。片方を肯定して、片方を否定できないのです。結婚の奥義も同じです。そして、その奥義はイエス様と教会の奥義でもあります。

アダムとエバは、わたしたち人間の祖先であり、同時にわたしたち自身でもあるのです。そこに、キリストの贖いと再創造のわざがあるのです。

すべての女性の母であると同時に、男の母でもあるのです。

こうして、聖書は材料を出しました。天地創造、エデンの園、善悪の知識の木、アダムとエバ。ここから展開するもの。人間の〝真の物語〟のはじめです。それは神と人との信仰のはじめであり、贖いでもあり、男と女、すなわち人間の対話のはじめでもあります。

罪と罰——罪（創世記3章1～13節）

天地を六日間で創造された神は、創造の最後に人間を土から造られました。アダムです。神は生きていくに適した環境にアダムを置かれたのです。2章8節以下にあるとおりです。主なる神は、東の方のエデンに園を設け、自ら形づくった人をそこに置かれた。主なる神は、見るからに好ましく、食べるに良いものをもたらすあらゆる木を地に生えいでさせ、また園の中央には、命の木と善悪の知識の木を生えいでさせられた。

これがエデンの園であります。パラダイス、楽園のモデル、元型であります。また神は、人の助け手としてエバをアダムのあばら骨から造られました。21節にあるとおりですね。主なる神はそこで、人を深い眠りに落とされた。人が眠り込むと、あばら骨の一部を抜き取り、その跡を肉でふさがれた。そして、人から抜き取ったあばら骨で女を造り上げられた。

本日は、3章に入り、アダムとエバの葛藤が生じます。

その前に、2章で大切な記事があります。何気なく記されていますが、実に深い文章です。道を通っていると、落とし穴が待ち受けている。その落とし穴に、まんまと落っこちてしまいました。そのような印象を持ちます。それが3章の話の展開となります。

「落とし穴」というと、誤解を生じさせかねませんが、何もないところで不安を与えていく。それが落とし穴という表現となったのです。つまり、

15節から17節です。この文節は前の8節、9節と続くものですが、10節から14節を間に置くことによって、命の木と善悪の知識の木の印象を和らげようとしているような印象を持ちます。そこに聖書の著者の意図があるかのように……。

この2章15節以下を読みましょう。

主なる神は人を連れて来て、エデンの園に住まわせ、人がそこを耕し、守るようにされた。主なる神は人に命じて言われた。「園のすべての木から取って食べなさい。ただし、善悪の知識の木からは、決して食べてはならない。食べると必ず死んでしまう。」

1　死ということ

ここで奇妙なことが記されます。死を知らない人に死を語ることはどういうことだろうかということです。死とは何か？　アダムの前に人間はいないのです。小さな子どもは、祖父や祖母の死によって、死を経験します。死は息をしなくなること。もはや動かなくなること。そしてそのままにしておくと、腐っていく。

（東日本大震災4周年追悼礼拝が11日に当教会で行われました。週報にも書きました。2万人の死者と行方不明者がいらっしゃいます。フクシマ原発の避難者を含めて23万人が避難生活をされています。死を経験する。それは悲しみであり、恐れでもあります）

アダムの前に、人はいないのです。そんなアダムに死を警告することは、不安を与えることです。生きることと死ぬこと。それに対して、アダムは死をどれだけ、自分のこととして考えたでしょうか？

それは律法の前提でもあろうかと感じます。罰則規定があってはじめて罪が成立するからです。罰則がなければ、罪は存在しないのです。

「食べると死ぬよ」という警告は、死を知らなくても、警告として有効であるということです。車を運転していて50キロの制限速度のところで、通行する車が少ないとつい60キロを出してしまいます。学生時代アルバイトしていて、50キロのところを80キロで運転し、いわゆるネズミ捕りに捕まってしまいました。速度違反で点数と罰金が科せられました。50キロ制限は法律です。律法の規定です。

「食べてはならない」も規定です。食べると罰を受ける。その罰は死です。死を知らなくても、こころに重くのしかかってくる蓋のようなものではないでしょうか？

2　開かれた扉

「食べてはならない」と命じられた言葉を守り続けることは大変なことです。忠実でいいのでしょうが、逆にいえば、臆病でもあります。冒険心のなさといいましょうか？　人間は悪さをする。これが人間の本質であろうかと思います。

アダムが一生、神の言葉を守り続けていれば、何も起こらないのです。死ぬこともありません。ただ、牧歌的な生活が何百年、何千年と続くでしょう。実際、アダム以来の子孫は千年近く生きていたのです。5章。

物語が展開するために、ドアを開ける人が必要です。冒険の扉です。「開けゴマ！」を言う人が必要です。

「開けてはならない」と言われる。それは「開けなさい」と言うことと同じ意味です。「後ろを見てはならない」と言われる。しかし、後ろを見たいという欲求が出てくる。ロトの妻（創世記19章20節ソドムの滅亡）、ギリシャ神話のオルフェウスとその妻エウリディケの故事を思い出させます。禁じられた扉を開けないと物語は進行しません。罰を受けても、冒険をしたい。山の向こうに行ってみたい。まだ見ぬ世界を見たい。そんな意思と思いを人間は持っているのです。ハリー・ポッターも禁じられた扉を開けないと、あの物語は進まないのです。

聖書も同じです。「食べてはならない」と言われた、その木の実を食べないと人間の歴史は始まらない。時間が進行しない。食べると、死ぬ。その罰が科せられます。わたしたちはある面では、アダムとエバに感謝をする必要があろうかと思います。なぜなら、彼らの罪によって、人類が始まったのですから。

「木の実を食べた」。その結果として、楽園を追われました。失楽園です。しかし、神は裁きの神ではない。禁じられたことを冒す。その人間の意思を神はご存知のはずです。それを承知で人間を創造された。そこに神の寛容さと愛を見るのです。

神は愛の神であり、ご自身が創造されたものに対して、最後まで徹底して面倒を見られる方であると確信しています。神のご計画があり、その究極的な愛の姿がキリストの十字架であります。

3　罪

神が禁止されたことを冒した。「食べてはならない」と命じられたことを破った。それをキリスト教神学は「原罪」と言います。パウロは、ローマ書で（5章12節以下）「一人の人によって罪が世に入り、罪によって死が入り込んだように、死はすべての人に及んだ」とあります。実は、最初の罪はエバによって引き起こされたのですね。神がパートナーとしてアダムのあばら骨から造られた女性、エバによって罪が引き起こされたのです。

聖書は、それを3章1～6節以下に記しています。

主なる神が造られた野の生き物のうちで、最も賢いのは蛇であった。蛇は女に言った。「園のどの木からも食べてはいけない、などと神は言われたのか。」

女は蛇に答えた。「わたしたちは園の木の果実を食べてもよいのです。でも、園の中央に生えている木の果実だけは、食べてはいけない、触れてもいけない、死んではいけないから、と神様はおっしゃいました。」
蛇は女に言った。「決して死ぬことはない。それを食べると、目が開け、神のように善悪を知るものとなることを神はご存じなのだ。」
女が見ると、その木はいかにもおいしそうで、目を引き付け、賢くなるように唆していた。女は実を取って食べ、一緒にいた男にも渡したので、彼も食べた。

蛇はサタンであるとされています。サタンとは人間に対して罪を犯させるように誘惑する悪の霊です。しかし、よく考えると、突然、サタンである蛇が登場するのですね。サタンは以後創世記では登場しません。歴代誌になって登場します。

どちらにしても、誘惑に落ちたのは人間です。まずエバがその餌食となりました。女性の特質ということがあります。

弱い性――古来からこの堕罪は、性的な意味を持っていると考えられてきました。そういう説ですね。ここでは、セックスが考えられています。まず、蛇は男性自身を意味する隠語でもあります。統一教会という文鮮明を教祖とするカルトは、エバは蛇であるサタンの誘惑に陥ったと主張します。そこから淫祠邪教《いんしじゃきょう》、統一教会の蕩減《とうげん》（統一教会内部用語：罪を清算すること。）復帰なる奇妙な救済論が引き起こされるのです。

見た目を大事にする。

女性は色彩や美しいものに敏感であります。

イケメンという言葉ありますね。男性の顔がいい。美形でカッコいい男性を指すそうです。イケメン男性が人気を博します。

6節——。

女が見ると、その木はいかにもおいしそうで、目を引き付け、賢くなるように唆していた。女は実を取って食べ、一緒にいた男にも渡したので、彼も食べた。

テレビでは、料理番組やグルメ番組が花盛りのように見受けられます。女性は、おいしいものに目がないといいますか、自身もおいしく栄養のあるものを夫や子どもに食べさせたいと日ごろから研究しているのでしょう。おいしいところがあると聞けば、行って食べることも熱心ですね。

見た目も大事にします。

賢くなる。これも女性にとって誘惑です。自分はいろいろなカルチャーセンターに通って賢くなろうとします。夫やとくに子どもに賢さを要求し、塾通い、セミナーに通わせます。

4　神の問いかけ「どこにいるのか」

その日、風の吹くころ、主なる神が園の中を歩く音が聞こえてきた。アダムと女が、主なる神の顔を避けて、園の木の間に隠れると、主なる神はアダムを呼ばれた。「どこにいるのか。」彼は答えた。「あなたの足音が園の中に聞こえたので、恐ろしくなり、隠れております。わたしは裸ですから。」(8〜10節)

罪を犯した人間は、自身を隠します。神の顔を避けて、隠れるのです。神は言われます。「どこにいるのか?」、口語訳では、「あなたはどこにいるのか?」となっていますね。わたしたちは、どこにいるのでしょうか?　罪を犯した人間には、居場所がない。いつも神の顔を避けて、見ることができないのです。

子どもは悪戯《いたずら》をし、悪いことをすると親の目を見ることができません。同じことです。あるいは、言い訳をします。

「自分は悪くない。あの人が悪いのだ」

そうしてついに、神のせいにするようになります。

「神がこんな人間しか造れなかったのだ。神がこんな自然しか造れなかったのだ。いつも神は中途半端な創造しかしていない」

こうして人類の歴史の幕が上がりました。ここから歴史が始まったのです。それは神の言葉に対して不従順であるということから引き起こされたのです。聖書は、ここから一貫して神に対する従順さと不従順さをテーマとします。従順であったものに、神は祝福を約束されます。ノアしかり、アブラハムしかり、ヤコブしかり、モーセしかり、ダビデしかりです。そして、最後にイエス・キリストの死に至るまでの従順さによって、神のご計画が完遂されるのです。

人間アダムとエバが犯した不従順さ、罪は、キリストの十字架によって贖われ、そこで人間の救いが成就されるのです。

罪と罰——罰（創世記3章14～24節）

太宰治の小説の中に、言葉遊びをするところがあります。ある言葉の反対語を当てる遊びです。「黒」の反対は「白」、「白」の反対は「赤」、「赤」の反対は「黒」、じゃあ「花」の反対は何。そこで主人公は考えます。月、蜂、むら雲、風、いや「女性」だ。とても文学的ですね。

こうして、核心に来ます。「神」の反対は「サタン」、「救い」——「苦悩」、「愛」——「憎しみ」、「光」——「闇」、「善」——「悪」、では、「罪」の反対は何。主人公は行き詰ります。（『人間失格』）

クリスチャンなら「神」の反対は「サタン」と言い切れるのか、疑問です。また、わたしなら、「救い」の反対は「絶望」と答えるでしょう。

こういう言葉の遊びをしながら、明らかになることがあります。それは、キリスト教あるいは、聖書の言葉の意味が一つの方向性を持っているということです。否定的な言葉、消極的な言葉ではなく、積極的・肯定的な言葉を選択する傾向、方向を示しているということです。

苦悩ではなく救いを、憎しみではなく愛を、闇ではなく光を、悪ではなく善を、そしてサタンではなく神をというように、否定的・消極的な言葉より、積極的・肯定的な言葉を重んじ、そちらにわたしたちを導いて行こうとする意思ですね。それを感じるのです。

しかし人間はというと、その反対を行き、選ぶように思います。否定的なのです。消極的なのですね。貪欲を選びますし、誘惑に陥ります。光の中より闇の中を歩くのが好きです。愛するよりも、憎むほうを好みます。仲よくするより争うことを好みます。そして善をなすよりも、悪を行なうことばかりを選び取ります。

人は本質的に罪の傾向性を持っていると言えるでしょう。そんなわたしたちの行く着くところは滅びです。永遠の滅び、死です。

罪を犯した魂は死すべし。（エゼキエル書18章4節）
罪の支払う報酬は死です。（ローマ書6章23節）
神から離れた者の必然の結果、恵みの主から離れれば離れるほど、人間は自由であると思うでしょう。しかし、逆なのです。確かに、神の掟から自由になるでしょう。それは、罪の奴隷になるだけなのです。罪に縛られる。罪にがんじがらめに束縛される。
それが自由でしょうか？　本当は、不自由なのです。

神学生時代の同級生に、Kさんがいました。彼は、学生時代に罪に捕らわれていました。ギャンブル依存症になったのですね。大学に行かず、家にも帰らずに、新宿の歌舞伎町の雀荘で3日間マージャンをしたと言っていました。一睡もしないで、マージャンをしていたのです。賭けマージャンですね。

それがもとで家庭崩壊です。両親は離婚をし、別々に住もうと計画していました。彼も自分が原因で家庭がめちゃくちゃになったことで苦しみ、自殺未遂を企てました。そんな時に、母親の知人がキリスト者で教会に行かないかと誘ったのです。

そうして、まず母親が信仰を持ちました。続いて、父親が。そしてKさんが教会につながったのです。しかし、簡単に依存症から立ち直れないのですね。教会に行き、洗礼を受けて、信仰を持っていても、ぐらつくのです。日曜日に教会に行かず、新宿の雀荘に入り浸るようになります。

こうして、戦いが続くのです。家庭内では、いざこざ、暴力、わめきあい、騒動が持ち上がるのです。その度に、「もうしない！」と悔い改め、また失敗し、こういう繰り返しです。しかし、最後に勝利は訪れました。「ハレルヤ!」です。

彼が立ち直った時に、神学校の同級生となりました。

罪は心地良い時もありますが、滅びです。自分の魂、肉体、精神が壊れます。そこから立ち直るのは、さらに苦しみです。まさしく、のた打ち回るほどの苦しみ、辛さです。


わたしたちもかつては、そのような経験をしたことがあるのではないでしょうか?


さて、創世記3章の後半を読んでいただきました。

前回、一か月前のメッセージ。「罪と罰、パート1、罪」と題して説教しました。人間アダムを創造された神は、アダムのあばら骨から女を造られ、一緒にエデンの園に置かれたのです。そのとき、2章16、17節にあるように言われました。

主なる神は人に命じて言われた。「園のすべての木から取って食べなさい。ただし、善悪の知識の木からは、決して食べてはならない。食べると必ず死んでしまう。」

これは命令なのですね。従うことがアダムに求められたことでした。

園の中央にある善悪を知る木の実。食べてはならない、食べると死んでしまう。

しかし、「食べてはならない」と命じられたのに、食べてしまった。ここから人間の歴史が始まります。同時に、死が入ってきたのです。

なぜ食べたのか？

3章にありますように、蛇の誘惑があったからです。しかし、アダムもエバも責任を取りません。責任を転嫁するのです。アダムはエバに、エバは蛇に。もちろん、蛇が一番の責任者です。誘惑し、神の命令を破るように唆したからです。

そこから、14節にあるように、神は裁きの宣告をされます。罰です。

2章と3章をまとめますと、次のように言えるでしょう。

1　警告

神の言葉に服従すること。神が求められることです。

不服従は罪、死であること。死を知らなくても、神の言葉に従うこと。

2章16節以下です。

2　サタンの誘惑

「食べても大丈夫。死なない。むしろ、食べると目が開け、神のようになるよ」と誘惑するのです。

サタンは巧妙です。神の言葉を曲げるのです。都合のよいように。

サタンの本質は、神から人間を離そうと企てることです。神の顔を見れないように、罪を犯させるのです。

3　罪

堕罪。サタンの罠にまんまと嵌り込んだ人間の悲劇があります。神の顔を避けるのです。

俗に言う、「お天道様をおがむ」生き方ではないのです。つまり、日陰の生き方です。

アダムとエバは神の顔を避け、隠れるのです。

4　なすりつけ、責任転嫁

アダムから女へ、女から蛇へ。

罪の罪たるゆえんは、この責任転嫁にあります。人のせいにする。

ダビデ―罪を示された時に、即座に悔い改めた。これですね。詩編51編。

ウリヤの妻バト・シェバとの不倫。そして、ウリヤを殺す。預言者ナタンの諫言《かんげん》（目上の人の過失などを指摘して忠告すること。）。

サムエル記下11章。

わたしたちも罪を犯す存在です。しかし、悔い改めるに敏感であることが大切です。

5　裁きの宣告

・蛇に対して

14～15節――。

主なる神は、蛇に向かって言われた。「このようなことをしたお前は、あらゆる家畜、あらゆる野の獣の中で呪われるものとなった。お前は、生涯這いまわり、塵を食らう。お前と女、お前の子孫と女の子孫の間に、わたしは敵意を置く。彼はお前の頭を砕き、お前は彼のかかとを砕く。」

蛇はサタンです。悪の人格的な表現です。人と敵対します。

・女に対して

出産、子育てが罰として課せられる。痛みです。それでも、男を慕い求めます。

・アダムに対して

17～19節――。

神はアダムに向かって言われた。「お前は女の声に従い取って食べるなと命じた木から食べた。お前のゆえに、土は呪われるものとなった。お前は、生涯食べ物を得ようと苦しむ。お前に対して土は茨とあざみを生えいでさせる。野の草を食べようとするお前に。お前は顔に汗を流してパンを得る。土に返るときまで。お前がそこから取られた土に。塵にすぎないお前は塵に返る。」

アダムの罰は、労働と死です。過酷な肉体労働。今まではエデンの園で好きな時に好きな食べ物を食べることができた。しかし、自分で汗を流して畑を耕し、自分と家族のために生命を養わねばならない。そして、ついに土に返る。塵に返るのです。葬式の時に祈る祈りがあります。

「土は土に、塵は塵に、灰は灰に返る」。

死です。死ぬ定めとなったということです。これが罪を犯したものの罰、報酬であります。

6　結果

・エデンの園を追放

23〜24節――。

主なる神は、彼をエデンの園から追い出し、彼に、自分がそこから取られた土を耕させることにされた。こうしてアダムを追放し、命の木に至る道を守るために、エデンの園の東にケルビムと、きらめく剣の炎を置かれた。

これが一般に堕罪といわれている事柄です。原罪とも言われます。

アダムの罪から人類すべてに遺伝子として罪が入り込んだのです。ウィルスが人間のこころと肉体に入り込んで、罪を犯させるのです。

7　神の助け、救いの御手

聖書は、ここから救いの回復と復帰を記します。人間は死ぬ定めである。それで終わりではない。死からいのちにいたる道があることを示すのです。ここに神の永遠のご計画があり、救いの道筋、経綸があるのです。

その最初のしるしとして、神は皮の衣をアダムとエバに用意されます。21節。

「主なる神は、アダムと女に皮の衣を作って着せられた。」

罪を犯したからと、ほっておかれない。守りと助けはつきまとうのです。そこに神の愛と贖い、罪を赦す神、回復があるのですね。

ここから、つまり創世記の4章から黙示録に至るまでの神の救いの計画があるのです。神が人となられ、十字架にかかられることによって、真に人間の贖いと永遠のいのちが達成されるのです。

カインとアベル（創世記4章1～12節）

聖書を読んでいると、あることに気づきます。それは旧約聖書、新約聖書に共通していることですが、兄弟仲のことであります。

聖書は霊に導かれて、人間によって書かれたものであります。霊感によってと申します。また、聖書は、神について書かれているものであります。一番の主題は、人間と世界は神の創造の御手であり、神の計画があるというメッセージです。それが神の言葉を通して語られる。それが聖書なのですね。

聖書はまた、神の事柄についてだけ書いているわけではありません。むしろ、人について書かれたと言ってもよいかと思います。

人間とは何か？　どこから来て、どこに行くのか？　いのちとは何？　生きるとはどんな意味を持っているのか？　そういう思いから、では何の目的で人は生きているのか。

ですから最初に戻りますが、聖書に表されている事柄は、人間のことなのです。神と人間の関係であり、人間同士の関係でもあります。

そこでは、親子のこと、夫婦のこと、家族のこと、そして兄弟のことがおもなテーマとして展開されるのです。

1　兄弟

聖書は、はじめに夫婦から関係性を説き起こしています。アダムとエバです。創世記の2章、3章です。4章に参りますと、兄弟が出てきます。カインとアベルです。兄のカインは弟のアベルを殺します。兄弟仲が悪いのですね。弟を殺すほどの理由があるのだろうか。そんなことを考えます。しかも、神をめぐってです。今の宗教戦争でもそうです。神をめぐって、民族間で同じ人間同士が殺しあっている。

兄弟の争いや葛藤を聖書は隠すことなく記しています。イサクとイシュマエル。アブラハムの息子たちです。これは、母親同士の葛藤が問題でした。エサウとヤコブの兄弟仲も悪いですね。弟ヤコブは兄のエサウを出し抜き、長子の権利と祝福を奪うのです。それで殺されそうになり、逃げ出します。

ヤコブの息子たちは12人いますが、11番目のヨセフと他の兄弟の仲も悪く、ヨセフは殺されそうになります。エジプトに逃れるのですが、そこで聖書は決定的な展開に進むこととなります。出エジプトの出来事です。

兄弟は、仲が良くても悪くても歴史を作るのです。いのちを継承していく過程で、個性がぶつかります。日本でも、兄弟の相克はありますね。源 頼朝と義経。北条時宗《ときむね》と時輔《ときすけ》、足利尊氏《たかうじ》と直義《ただよし》、近くは少し卑近ですが、花田 勝と光司ですね。

新約でも兄弟の記事は多数あります。放蕩息子のたとえ、兄と弟のたとえです。

2 献げもの

さて、聖書に戻りますが、エデンの園から追放されたアダムとエバは、そこではじめて互いを知ります。1節――。

さて、アダムは妻エバを知った。彼女は身ごもってカインを産み、「わたしは主によって男子を得た」と言った。

この「知る」という言葉は、善悪を知る木の実の知ると関係があるといわれます。知るとは、結婚生活を意味します。性的な関係です。広い意味では、全人格的な関係ということもできます。聖書研究的には、この1節だけでもいろいろなことがいえますが、今日は割愛いたします。

カインという名前は、形造る、出産する、創造するという意味があるそうです。主なる神がアダムを創造し、アダムによってエバが造られる。同じように、アダムとエバという最初の人類夫婦によって創造された。それがカインということでしょうか。

次にアベルが生まれます。2節――。

彼女はまたその弟アベルを産んだ。アベルは羊を飼う者となり、カインは土を耕す者となった。

アベルとは、「息、はかなさ、空虚さ、無意味、無価値、虚無」という意味があります。兄のカインが創造という意味があるのに対して、弟のアベルは余りにもむなしく、はかないものが漂っているような印象です。

聖書は、「アベルは羊を飼う者となり、カインは土を耕す者となった」とあります。ここに物語の展開の準備があります。

のちに、カインは弟アベルを殺害するのですが、この関係は牧畜民族と農耕民族の対立と抗争と解釈する傾向があります。牧畜は、羊を飼い、その毛を利用し、肉を食用とします。牧草を求めて、移動するのですね。アブラハム、イサク、ヤコブなどイスラエルの父祖たちは、牧畜部族でした。彼らは、土地を持たず、牧草を求めて移動したのです。そこから、後に出エジプト以降に定住するのです。

牧畜は土地を持たず、移動すると申しました。農耕民は、それとは対照的に移動することはありません。むしろ、定着して暦を作り、それに則って農業を営むのです。そこから文化が生まれます。歴史が生じるのです。

3～8節――。

時を経て、カインは土の実りを主のもとに献げ物として持って来た。アベルは羊の群れの中から肥えた初子を持って来た。主はアベルとその献げ物に目を留められたが、カインとその献げ物には目を留められなかった。カインは激しく怒って顔を伏せた。主はカインに言われた。「どうして怒るのか。どうして顔を伏せるのか。もしお前が正しいのなら、顔を上げられるはずではないか。正しくないなら、罪は戸口で待ち伏せており、お前を求める。お前はそれを支配せねばならない。」カインが弟アベルに言葉をかけ、二人が野原に着いたとき、カインは弟アベルを襲って殺した。

主のもとに献げ物として持って来た。これは礼拝です。神の前に献げ物をする。礼拝行為なのです。カインは、土の実り、弟アベルは、羊、しかも肥えた初子を持って来たのです。神は、カインの献げ物には目を留めず、アベルの献げ物に目を留められます。目を留めるとは、神が受け入れられたという意味です。ご嘉納された。つまり、献上品が快く受け入れられるということです。カインは自分の献げ物を神が受け入れられなかったので、怒ります。激しく怒って顔を伏せたとあります。その怒りは、神ではなく、弟に向けられます。そして、ついに弟を殺すのです。8節――。

カインが弟アベルに言葉をかけ、二人が野原に着いたとき、カインは弟アベルを襲って殺した。

ここで旧約聖書最大の〝謎〟が出てまいります。

なぜ、神は弟アベルの献げ物を受け入れられ、兄カインの献げ物を拒まれたのだろうか。兄カインは、神に抗議せず、弟に強い嫉妬をもってアベルを殺します。人類最初の兄弟殺しが生じるのです。神は、両方を受け入れることができなかったのか？　そうすれば、兄弟喧嘩も殺害もなかっただろう。兄弟殺害の原因を作ったのは、神ご自身ではなかったか？　しかし、神はそうされなかった。

この「何故？」に対する答えが、先ほどの牧畜民と農耕民の対立という考え方です。神は、動物の肉を好まれた。これが神学者たちの発想であります。しかし、出エジプト以降に、アブラハムに対する約束が実現します。それは、乳の蜜の流れる地を与えるとの神の契約の言葉とダビデ王に対する契約、定着した土地、エルサレム神殿へとつながる神殿礼拝へと発展していく時、必ずしも牧畜民と農耕民の対立と神が牧畜民を選ばれたということにならないのではないかと思うのです。

また、アベルは「羊の群れから肥えた初子」をもってきた。肥えたというのは、あぶら身のある、一番上等な献げ物。そういう意味を取る解釈もあります。ヘブライ書11章4節以下では、「信仰によって、アベルはカインより優れたいけにえを神に献げた」とあるように。

むしろ、神の選びというのなら、農耕民としての豊かさよりも牧畜民の貧しさにある。そのように考えることができるだろうと思います。申命記7章6節以下――。

あなたは、あなたの神、主の聖なる民である。あなたの神、主は地の面にいるすべての民の中からあなたを選び、御自分の宝の民とされた。主が心引かれてあなたたちを選ばれたのは、あなたたちが他のどの民よりも数が多かったからではない。あなたたちは他のどの民よりも貧弱であった。

アベルは、貧しさ、はかなさ、空虚、無価値なという意味があると申しました。そういう貧しい人間だからこそ、そのアベルの献げ物、心を尽くした献げ物を神は憐れみをもって受け入れられたのでしょう。

義人アベル、正しい人アベル。新約聖書での評価です。主イエス様は、弱い人、貧しい人、虐げられている人の友となられたのです。

わたしたちもかつては、そのように神の前で弱く、無価値のものでありました。そのわたしたちを神は憐れみ、引き立ててくださったのです。

物語の後半は、カインの追放になります。罪を犯したアダムとエバがエデンの園を追放されたように、殺人を犯したカインはアダムとエバのもとからも追放され、地上をさまよう身となったのです。

3　神の選び

新約聖書には、兄と弟の記事があります。放蕩息子のたとえ、父親のいいつけに対して、従順に従った兄と弟の話などです。マタイによる福音書21章28節以降です。

現代において、わたしたちがこの聖書を読むとき、自分が兄の立場か弟の立場かと考えるのではなく、神に対して素直であり、従順であるかということを反省することが大切であります。


神の選びは、人間の思いを超えています。そこには、人の「何故?」という問いに対して、「そこに神の自由な選びがある」としか答えられないことがあるのです。

カインとアベルの兄弟は、最初の何故であります。アブラハムの二人の子ども、イシュマエルとイサクについても弟イサクを神は選ばれたのです。イサクの二人の息子、エサウとヤコブについても、神は弟ヤコブを選ばれたのです。ヤコブの12人の子どもにおいて、ヨセフを神は愛されました。しかし、イスラエルの民族を継いだのは、ユダでありました。このユダ族からダビデが生まれ、そして、肉によれば主イエス様がお生まれになったのです。

神の選びは、不思議です。人の思いを超えています。そして、このことは真実としていえるのだと声を大にして言えるのです。それは、永遠の神、いのちの神がこのわたしを選び、御子イエス様の血潮にて贖われて、救いに入れられているということです。

それは神の独り子、イエス様を受け入れ、信じ、従うことによって、神はわたしたちを義とされ、永遠のいのちを与えられる保証をくださったのです。

これこその神の選びはありません。感謝し、主の恵みに答えていく。これがわたしたちの信仰であります。お祈りします。

カインの末裔（創世記4章13～26節）

有島武夫という作家の小説に『カインの末裔』があります。（北海道の開拓農民、小作・片岡仁右衛門《にんえもん》と妻の物語）。それにちなんで、この題名をつけたわけではありません。アダムとエバの最初の子、カインが弟殺しをする。最初の殺人です。

わたしたちの周囲では、毎日のように事件が起こっています。悲惨な事件に枚挙の暇がありません。最近の顕著な事件は、親の虐待による子殺しです。若い父親が妻の連れ子を折檻して、死に至らしめる。若い母親が自分の子を殺すという事件もあります。

また悲惨なのは、成人した子の親殺しです。引きこもりで、職に就かず、インターネット、ゲーム三昧の毎日、施設の高齢者に対する虐待死。

外国に目を向けますと、インドのレイプ殺人事件が続いていますし、イスラム国の処刑などさらに凄惨な事件が日常的に起こっています。また、こう言った事件は、ほぼ毎日、報道されています。悲しくなります。しかも、暴力と虐待がますますエスカレートして、過激になっていくように思われます。凄惨といっても過言ではありません。

わたしたちが子どもの時から教えられ、学んできた倫理、道徳が地に堕ちたといってもいいように思います。

こういった人間の罪の連鎖と凶暴性はどこからくるのでしょうか？

本日の聖書、創世記の4章のはじめには人類最初の殺人事件が取り上げられています。しかも、兄が弟を殺害する。それも神をめぐって。

それは、神によって造られた人間が神から離れていく。神に従うのではなく、神に反抗する。そこに人間の罪の結果として、人間が同胞である人間を殺《あや》めるようになる。

これが聖書の教えです。カインは、まさに神から離れた人間でした。そのカインの子孫、末裔として今日の人類社会があるのです。（アダム、エバ、カインにしても、被造物・人間は、その一番最初から罪を犯してしまう。どこに問題があるのか？　神の創造が不完全なのか？　神は全能で完全であるという前提がある。神に罪の責任を問うてはならない。そうであるならば、罪の責任は？　人間の不服従はどこから来るのか？　サタン？　サタンの巧妙な罠と智恵、神から離れ、反抗するサタンの侮ることのできない力？）

1　カインの系図

弟アベルを殺したカインは、両親であるアダムとエバのところから追放されて、地上をさまよい、さすらう者となります。12節にあるとおりです。カインは自分の犯した罪を悔い改めたのでしょうか？　13節以下のカインの言葉を読んでも、真の悔い改めはなかったように思います。それは、自分可愛さ、罰を恐れ、回避する。弁解と自己釈明であるように感じます。

そんなカインに対して、神は憐れみを覚えられ、守られるのです。

そして、16節――。

カインは主の前を去り、エデンの東、ノド（さすらい）の地に住んだ。

罪を犯し、悔い改めのないところに、人が住む。それがノド（さすらい）という土地であります。

カインは妻を知った。彼女は身ごもってエノクを産んだ。カインは町を建てていたが、その町を息子の名前にちなんでエノクと名付けた。

ノド（さすらい）の地で、カインは子孫を増やします。そして、町を建てるのですね。どんな町なのでしょうか？　町に人が集まり、そこで産業が興ります。

アダはヤバルを産んだ。ヤバルは、家畜を飼い天幕に住む者の先祖となった。その弟はユバルといい、竪琴や笛を奏でる者すべての先祖となった。ツィラもまた、トバル・カインを産んだ。彼は青銅や鉄でさまざまの道具を作る者となった。トバル・カインの妹はナアマといった。

農業や牧畜業、青銅や鉄の道具を作る工業が盛んになります。そして、人々を慰めるために芸術が興ります。竪琴、笛を奏でる。文明社会が生まれるのです。まさに、現代の都市の構図です。マーケット、交通。人々は娯楽を求め、そこから芸術へと発展する。映画、劇場、コンサート、美術展。

カインの末裔たるレメクは豪語します。自分の力を誇り、賞賛するのです。

さて、レメクは妻に言った。「アダとツィラよ、わが声を聞け。レメクの妻たちよ、わが言葉に耳を傾けよ。わたしは傷の報いに男を殺し、打ち傷の報いに若者を殺す。カインのための復讐が七倍なら、レメクのためには七十七倍。」

レメクの血の、復讐の宣言です。「目には目を、歯には歯を」という同態復讐《ふくしゅう》法は、限度を超えた復讐をしてはならないとの規定です。無差別かつ過度の復讐から相手を守ります。それに対して、レメクの宣言は、徹底的であり容赦がありません。まさに、自己の力を誇示し、自らを神の立場に置く傲慢さを見る思いです。

2　セトの系図

聖書は、ここで文明社会を批判し、否定しているのではありません。カインの末裔であるレメクが自己を顕示し、力と支配を誇っている一方で、別の立場の人間がいることを示していくのです。それがセトであります。それはアダムの新しい息子であります。

再び、アダムは妻を知った。彼女は男の子を産み、セトと名付けた。カインがアベルを殺したので、神が彼に代わる子を授け（シャト）られたからである。セトにも男の子が生まれた。彼はその子をエノシュと名付けた。主の御名を呼び始めたのは、この時代のことである。

カインからレメクに至る系図とは別に、アダムのもう一人の子セトより信仰者の系列が起きるのです。セトは神の授かり者という意味であります。また、基礎、土台という意味を持っています。カインがノド（さすらい）で都市を建設したことを対比すると、セトは神に土台を置いたということであります。その子エノシュは「弱さ」を意味します。レメクが力を誇示し、復讐に走るのに対し、エノシュは弱さとしての自分の力の限界を知るのです。そういう人間の認識を持っていると聖書は示すのですね。

強さを誇示する生き方は、相手を叩きのめすまで容赦しません。しかし、真の人間の強さは相手を殺すことではなく、また立ち直れないほどに攻撃するのでもなく、むしろ人を生かすことにあるのです。それは何でしょうか？

「赦し」ですね。

カインのための復讐が七倍なら、レメクのためには七十七倍。

ここには、復讐と力の誇示が示されています。

先週、安保関連法案が衆議院を通過しました。戦争ができる国。国を守るために、戦争する。しかし、わたしたちは先の大戦で多くの犠牲者が出たことを忘れたわけではありません。沖縄、広島、長崎で、軍人でない日本の一般国民が数十万人も犠牲になりました。その犠牲の上に、平和憲法が制定されたのです。復讐のための復讐は戦争です。

3　神に従う者、十字架を見上げる者

そうレメクは豪語するのですが、一方、イエス様は次のように言われます。

「七の七十倍までも赦しなさい」（マタイ18・22）

弱さの最高の形が十字架にあらわされているのです。自らを誇示することなく、むしろ、蔑まれ、疎んじられる姿をイエス様は択《と》られたのです。

「神と等しくあることを固執されず、ご自分を無にされ、しもべの姿をとられ、十字架の死に至るまで従順であられた。」（フィリピ2・6）

自らの内に憎しみを増幅し、神を押しのけて審きの座に就こうとする時、人は自分の心に平和はありません。同時に世界にも平和を訪れないのです。

主イエス様のこころ（従順さと謙遜、寛容、愛のこころです）をおのが心とし、弱さの中に住む意思と

信仰に、神はおられるのです。

わたしたちはこのような時に、どのように祈るべきでしょうか？平和を実現する人たちは幸いである。そう、イエス様は言われました。キリスト者は、平和を実現するために召されているのだと信じます。

フランシスコの祈りとされている祈りを紹介して、終わります。

主よ、わたしを平和の器とならせてください。
憎しみがあるところに愛を、
争いがあるところに赦しを、
分裂があるところに一致を、
疑いのあるところに信仰を、
誤りがあるところに真理を、
絶望があるところに希望を、

闇あるところに光を、
悲しみあるところに喜びを。

ああ、主よ、慰められるよりも慰める者としてください。
理解されるよりも理解する者に、
愛されるよりも愛する者に。
それは、わたしたちが、自ら与えることによって受け、
許すことによって赦され、
自分のからだをささげて死ぬことによって
とこしえの命を得ることができるからです。

真実にそのように祈らせてください。
主イエス・キリストの御名によって祈ります。

千歳の命（創世記5章1～32節）

中国の歴史で〈秦〉という国がありました。その皇帝は、みずからを始皇帝と名乗りました。彼は、中国ではじめて統一王朝を樹立した皇帝としての威厳と権力を誇ったのであります。始皇帝の事業は万里の長城を建設し、貨幣、度量衡などを定めたといわれています。また始皇帝は不老不死を求め、徐福に蓬萊の国へ行き仙人を連れてくるように命じました。有名な伝説です。蓬萊の国とは、日本を指すといわれています。絶大な権力を一手に掌握した権力者は、その権力を意のままに使い、そのちからを出来るだけ長期間、維持するように気を遣います。わが国でも、豊臣秀吉、徳川家康などは長期政権に苦心しました。

不老不死の伝説で有名なのが実は、メソポタミアにあります。聖書のノアの洪水の下地となったといわれます『ギルガメシュ叙事詩』です。これは紀元前2000年頃には出来ていたとされます。メソポタミアにもこの不老不死伝説があります。ギルガメシュ王は、この当時ウルク第一王朝の王ですが、記録によれば王たちの治世は（統治の期間ですね）2千年であったり1600年であったりします。このギルガメシュもまた、不老不死の薬を求めて旅をするのです。

不老不死、永遠に生きることと同じ意味でしょうか？　しかし、常識的に不老不死はありませんし、永遠に生きることはできません。長寿は神の恵みですが、現代のように老々介護と言われるように、高齢が必ずしもめでたいとは言えない時代となってまいりました。家族にとっても大変な時代なのです。

本日の詩編交読は90編ですが、興味深い詩編です。

ここでは神の永遠性がまず謳われます。1～4節——。

主よ、あなたは代々にわたしたちの宿るところ。
山々が生まれる前から
大地が、人の世が、生み出される前から
世々とこしえに、あなたは神。
あなたは人を塵に返し
「人の子よ、帰れ」と仰せになります。

千年といえども御目には
昨日が今日へと移る夜の一時にすぎません。

そして、人間の生涯を謳います。

わたしたちの生涯は御怒りに消え去り
人生はため息のように消えうせます。
人生の年月は七十年程のものです。健やかな人が八十年を数えても
得るところは労苦と災いにすぎません。
瞬く間に時は過ぎ、わたしたちは飛び去ります。

80歳は旧約聖書でも長寿ですが、その生涯は労苦と災いというのです。アブラハムの孫であるヤコブはエジプトのファラオの前で自分の生涯を回顧します。47章9節――。

「わたしの旅路の年月は百三十年です。わたしの生涯の年月は短く、苦しみ多く、わたしの先祖たちの生涯や旅路の年月には及びません。」

このとき、ヤコブは１３０歳でした。彼は１４７歳まで生きるのです。

本日は、アダムの系図に出てくる年齢について、聖書のメッセージを聞きましょう。

1　生と死

それは、神が創造された人間の生と死であります。いのちと言ってもよいでしょう。神が土に息を吹き入れられて、人は生きたものとなりました。（創世記2・6）

これがアダムです。そして、エバをも創造されました。二人をエデンの園に置き、その管理に任せられました。しかし、サタンである蛇の誘惑でアダムは罪を犯します。食べてはならないといわれた善悪を知る木の実を食べたのです。神は、命の木の実を食べて永遠に生きることのないように二人をエデンの園から追放されました。創世記3章22節以下。

4章には、カインとアベルの記事があります。兄弟ですが、兄カインは弟アベルを殺害します。前回に説教しました。

本日、5章の1節から5節には意味深い言葉が記されています。

これはアダムの系図の書である。神は人を創造された日、神に似せてこれを造られ、男と女に創造された。創造の日に、彼らを祝福されて、人と名付けられた。アダムは百三十歳になったとき、自分に似た、自分にかたどった男の子をもうけた。アダムはその子をセトと名付けた。アダムは、セトが生まれた後八百年生きて、息子や娘をもうけた。アダムは九百三十年生き、そして死んだ。

神がご自身に似せて創造されたアダムとエバ、そのアダムの生涯が九百三十年というのです。残念ながらエバの生涯については、記されていません。

ここには、アダムの系図が10代まで記されています。アダム、セト、エノシュ、ケナンと続きます。アダムもセトもエノシュもそれぞれが九百歳を超える超高齢です。聖書の系図は、10人の名前が記されていますが、誰も千年を超えて生きるものがいないことを言い表しているように思います。アダムの罪によって人は死ぬことになったのですが、罪の結果として永遠に生きることはできない。せめて、千年に満ちることがない命とでも言えるでしょうか？　それでも、時代が下れば、人は百年の命も難しくなるのです。

そして、10代目のノアの時にノアの箱舟で有名な洪水が起こります。人の罪のゆえに、神は世界を滅ぼそうとされたのです。しかし、ノアとその家族だけが救いに与りました。

洪水の後、10章でノアの子孫の系図が記されますが、もはやそこには、年齢は表されていません。11章になると、ノアの子どもたちの系図があります。ここでは、最高でも450年の寿命となります。5章の系図に比べると半減します。後になれば、200年とさらに半減するのです。

2　アダムの家族

アダムは、自分の子孫のどこまで知っていたでしょうか?

赤子を抱く。これは親の愛です。喜びですね。同時に、孫やひ孫を抱くことは、老人の夢でもあります。自分のいのちを受け継ぐ、いのちのつながりを自分の目で見るのですね。

教会員M姉、111歳、I姉、107歳(2015年当時)。子はもちろんのこと、孫、ひ孫、玄孫《やしゃご》というのでしょうか、孫の子までも見る。そういうことを言うと、アダムは、自分の子孫のどこまでを見、その腕に抱いたことでしょう。ちなみに調べてみましたが、次のようになるようです。

子、孫、曾孫、玄孫《やしゃご》、来孫《らいそん》、昆孫《こんそん》、仍孫《じょうそん》、雲孫(自分から数えて九代目の子孫、雲のように遠い子孫)。

発見したこと。別紙にアダムからノアに至る子どもを生んだ年齢と死を表にしました。プロジェクターに投映されています。この表を見ると、アダムがどの世代まで生きていたのかが分かります。何

アダムの系図と寿命

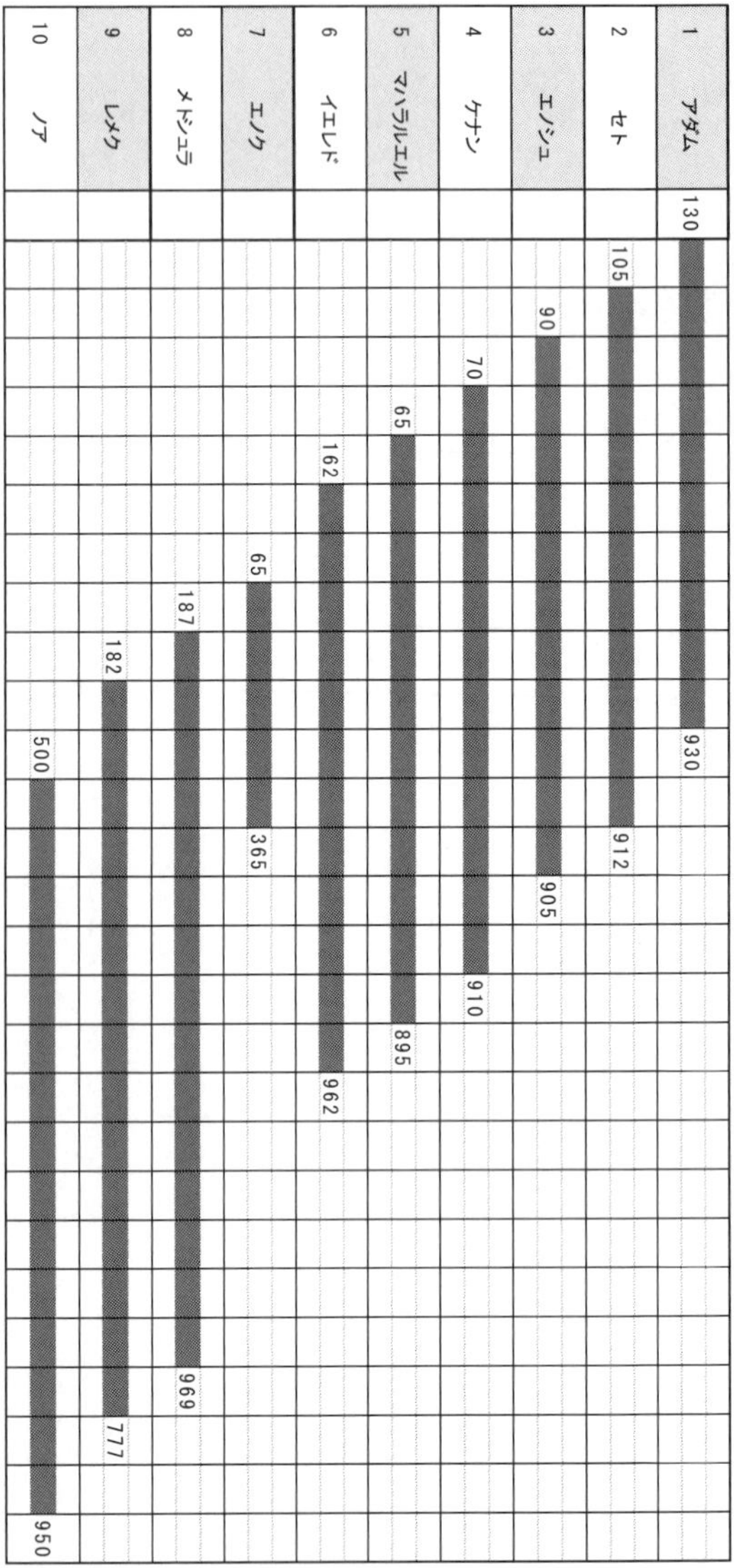
1 アダム 130 930
2 セト 105 912
3 エノシュ 90 905
4 ケナン 70 910
5 マハラルエル 65 895
6 イエレド 162 962
7 エノク 65 365
8 メトシュラ 187 969
9 レメク 182 777
10 ノア 500 950

歳で生まれたとありますから、逆算すると、アダムは235歳で孫のエノシュを抱くのです。325歳でケナンを抱きます。395歳でマハラルエルを、460歳でイエレドを、622歳でエノクを、687歳でメトシュラを、874歳でレメクを、生きていれば1056歳でノアが生まれるのを見届け、その腕に抱いたということになります。アダムは、実にレメクまで知っているのです。ということは、アダムはレメクまでの家族と共に生活していたことになります。実に9代目のレメク――雲孫ですね――をじかに見るのです。まさに大家族なのです。

3　エノク

10人の系図の中で一人だけ特別な存在がいます。機械的に「何年生きて、息子や娘をもうけた。そして、何年生き、そして死んだ」と記されています。しかし、23節のエノクは違うのです。

エノクは神と共に歩み、神が取られたのでいなくなった。

つまり、エノクは死ななかった。死を経験することがなかったということでしょうか？

神隠しにあった。何かの事件、事故に巻き込まれて、いなくなったのでしょうか。聖書は、「エノクは神と共に歩み、神が取られたのでいなくなった」（5節）と書いてあります。神とともに歩んだのです。神とともに歩むとは、どういうことでしょうか？神と共に歩むことで、エノクは若死にしたのでしょうか？　あるいは、他の系図の人たちのように900年以上も生きることなく、早く死んだゆえに、惜別の想いで、神と共に歩んだと聖書の著者は記したのでしょうか？

神と共に生きるとは何でしょう。

新約聖書には、エノクについて2箇所記されています。ユダ書とヘブライ書です。とくにヘブライ書11章5節には、次のようにあります。

信仰によって、エノクは死を経験しないように、天に移されました。神が彼を移されたので、見えなくなったのです。移される前に、神に喜ばれていたことが証明されていたからです。

移されるとは、携挙といいます。ホーリネスは四重の福音を強調します。新生、聖化、神癒、再臨です。この再臨の時に、神のもとに移される。携え挙げられる。エノクのように。

聖歌623番5節。

携えあげられ　主イエスに抱かる
その日の喜び　いかばかりぞ
そなえは終われり　いざ来たりたまえ
はなむこなる主よ　救い主よ

わたしの愛唱歌です。

ちなみに死ぬことなく、天に携え上った旧約の人物はもう一人います。エリヤです。列王記上2章ですね。火の馬に引かれた炎の戦車に乗って、天に引き上げられたのです。

これがホーリネスの教理ですね。わたしたちもエノクのように携え挙げられるような信仰、神に喜ばれる、神とともに歩む。そのような、神と親しくしていく。その信仰をもって生きたいと願います。
本日は、信仰における生と死がテーマです。それは、イエス様を信じるいのちです。そこに永遠のいのちに生きるということが言えるのだと信じます。

ヨハネ11章25節——。

わたしは復活であり、命である。わたしを信じる者は、死んでも生きる。生きていてわたしを信じる者はだれも、決して死ぬことはない。このことを信じるか。

そのいのちですね。わたしを信じる者はだれも、死ぬことはない。イエス様を信じる時、イエス様と共にあるとき、わたしたちは死んでも生きるものであるのです。ここに、究極的な信仰の奥義があります。

ノアの箱舟（創世記6章1〜22節）

本日の礼拝説教はノアの箱舟、大洪水の物語です。この聖書から、わたしたち現代人は多くのことを学ぶことができます。それは、神の警告と危機、世の終わりという意味での警告と危機でありま す。しかし、そのことから聖書は神の恵みと愛を、わたしたちに示しているのです。そのことを共にみていきましょう。

1　神の後悔

皆さんは後悔することがありますか？　後悔することがあるとして、どんなことに後悔するでしょう……？　人生上の諸問題で、ああすればよかった、こうすればよかったと悔やむでしょうか？

わたしは個人的に申しますと、後悔する、悔いるということはしたくありません。今まで歩いてきたことが無駄ではなく、神のご意志だと信じるからです。導きということですね。

それはすべてのこと万事が益となるという信仰です。マイナスのようなものであったとしても、神にあって益としてくださる。中国のことわざにもありますように、人間万事塞翁が馬的なのです。今日のところを読みますと、意外なことが記されています。何でしょうか？　それは、神様が後悔するということです。神様が後悔されるのですね。神様の後悔って何でしょう……？　人間を造ってしまったことです。神は天地万物を創造され、人間をも創造されました。最初の人間はアダムとエバです。（創世記1〜2章）

その神様が、人間を造ったことを後悔されているのです。

2　人間の罪

神が後悔する。その原因は、人の罪にありました。人間が神から離れてしまい、罪を犯したからです。悪が世に満ち、不法がはびこり、人間の堕落がはなはだしかったからです。神は全知全能のお方ですから、人間が罪を犯すことを知っておられたのだと思います。

それでも、人間を信頼しておられた。それが愛です。信頼し、信じても、人間は神を裏切り、罪を犯すのですね。神から離れるのです。

さて、地上に人が増え始め、娘たちが生まれた。神の子らは、人の娘たちが美しいのを見て、おのおの選んだ者を妻にした。主は言われた。「わたしの霊は人の中に永久にとどまるべきではない。人は肉にすぎないのだから」こうして、人の一生は百二十年となった。当時もその後も、地上にはネフィリムがいた。これは、神の子らが人の娘たちのところに入って産ませた者であり、大昔の名高い英雄たちであった。主は、地上に人の悪が増し、常に悪いことばかりを心に思い計っているのを御覧になって、地上に人を造ったことを後悔し、心を痛められた。主は言われた。「わたしは人を創造したが、これを地上からぬぐい去ろう。人だけでなく、家畜も這うものも空の鳥も。わたしはこれらを造ったことを後悔する。」

「こころを痛められた」（6節）とあります。
そのために、神は裁きの決断をされるのです。「見よ、わたしは地もろとも彼らを滅ぼす」
ネフィリムとは何でしょう。

「神の子らが人の娘たちとところに入って産ませた者であり、大昔の名高い英雄たちであった」とあります。

いろいろな説がありますが、とくにこれという確かなことは分かりません。一つの英雄伝説があったと思われます。（ネフィリムに関しては、民数記13章33節以降に関連記事があります。巨人ですね）名前の意味は「（天から）落ちてきた者たち」とされます。他では、天使が舞い降りて人間の娘と交わり、巨人が産まれたという文献があります。（第一エノク書）

先ほども申しましたが、悪が世に満ち、不法がはびこり、人間の堕落がはなはだしかった様を表しているのだと思います。

そこで、神は13節――。

神はノアに言われた。「すべて肉なるものを終わらせる時がわたしの前に来ている。彼らのゆえに不法が地に満ちている。見よ、わたしは地もろとも彼らを滅ぼす。

裁きと滅びを決断されるのです。

3　裁きの宣告

神の裁きの言葉です。17節以下――。

見よ、わたしは地上に洪水をもたらし、命の霊をもつ、すべて肉なるものを天の下から滅ぼす。地上のすべてのものは息絶える。わたしはあなたと契約を立てる。あなたは妻子や嫁たちと共に箱舟に入りなさい。また、すべて命あるもの、すべて肉なるものから、二つずつ箱舟に連れて入り、あなたと共に生き延びるようにしなさい。それらは、雄と雌でなければならない。それぞれの鳥、それぞれの家畜、それぞれの地を這うものが、二つずつあなたのところへ来て、生き延びるようにしなさい。

4　救い

しかし、神はノアと彼の家族は滅ぼされませんでした。9節。

ノアは「神に従う無垢な人であり、神と共に歩む人」だったからです。神は箱舟を作るように命じられます。その箱舟に生き残るものの種を残すように指示されます。

箱舟は長さ300アンマ、幅50アンマ、高さ30アンマの3階建ての舟であります。1アンマは、45センチであります。そうすると、長さ135メートル、幅22・5メートル、高さは13・5メートルとなります。

仙台青葉荘教会の教会堂はどれくらいでしょうか？　青葉荘教会の長さは38メートル、長さとしては3・5倍です。幅は11・2メートル、約2倍ですね。高さは屋根までは17・9メートル。これは屋根の高さです。高さは、教会の方が高いですね。容積から言えば、ノアの方舟は41、000立方メートル、教会は7、600立方メートル。約5・4倍ということになります。教会の5・4倍の空間を持った船です。その船をノアは、息子たち3人で造ったことになります。

その舟を作るのに何年かかったか、聖書は記されていません。数年、いや数十年かかったでしょう。家族だけの作業です。こんにちのように、機械もクレーンもありません。山の木を切り、移動することの手間をなくすために、山の中の安定した場所で命じられたような舟を作ったのでありましょう。多くの人たちは、ノアとその家族をあざ笑い、バカにしたでありましょう。

わたしは単なる想像ですが、百年はかかっただろうと思います。5章32節にノアは500歳とあります。そして、洪水の後にノアは601歳になっているのです。これは創世記8章13節です。ちなみに仙台青葉荘教会創立106年です。

箱舟は、教会でもあります。せっせと祈りと賛美、礼拝を献げている。世の人は、愚かな振る舞いとしてあざ笑い、バカにするかもしれません。教会は、箱舟の建設と同じです。

「十字架の言葉は滅びゆく者には愚かであるが、救いにあずかるわたしには神の力である」（Ⅰコリント1・18）

そうなのですね。滅びゆく人には愚かなのです。神と共に生きるいのちに無関心、無頓着です。さて、神の怒りと裁きにもかかわらず、神はいのちを救う魂を備えておられる。神と共に歩む人がいる。神に従う無垢な人がいる。

教会に入る人、そこには救いがあるのです。平安があり、祝福があります。

ノアの時代は、ノアの家族だけしか入れませんでした。現代の箱舟である教会は、すべての人に戸は開かれているのです。そして、入るように招かれています。わたしたちもそのようにして入ったものであります。入ったものは、招く側へと導かれる。これが教会の伝道であります。そして、これからも入るように招いているのです。

現代は、罪の世でもあります。テレビやニュースは毎日のように、事件を報じています。悪がはびこり、堕落している。お金、セックス、時間において享楽している状況です。

一昨日、パリで起こったテロ、サッカーの競技場で、劇場においてテロがあり、130人以上の市民が犠牲になりました。「神は偉大なり」と叫んだとのことです。

神の偉大さを叫びながら、神の創造された人間、同胞を殺害する。これが罪です。


「時が良くても悪くとも、み言葉を宣べ伝えなさい」とあります。み言葉を宣べ伝え、み言葉に生きる信仰者がいること。それが現代社会の救いではないでしょうか？　こんにちのような時代であっても、無垢でひたすら神を信じて、礼拝を献げている人がいる。それが大切です。

本日の週報の短文欄（牧師のコラム）では、路傍伝道について記しています。街の公園、しかも、県庁と市役所の前の勾当台公園で路傍伝道をする。説教する。声をからし、声をあげて語る。通り過ぎる人たちにとっては、愚かであるかもしれません。しかし、これはチャレンジです。神の言葉が語られている。ポケットティッシュが配られている。ティッシュには教会案内があります。これを見て、ひとりの人が教会に来てくれたらと祈り心を持ちます。そこから、教会の伝道が始まる。そう信じます。

わたしたちは、ノアのように、せっせと船を建造しているのです。それに参加し、一人でも多くの人がこの時代に合って、船に乗り組むことができるように、自分だけが救われてよしとすることがないように、伝道に励んでいきたいと願います。

牧師の週報コラム《路傍伝道》

10月31日土曜日午後1時より路傍伝道を行いました。始めました。看板班のM姉に教会玄関にある案内板に貼る張り紙を書いていただきました。その文面は、「わたしたちは青葉区錦町にある仙台青葉荘教会の教会員です。聖書のお話と教会案内のポケットティッシュを配布しています」です。通りを歩いている人が、わたしたちが何をしているのかすぐに分かるようにとの配慮です。それは、エホバの証人の人たち、また、暗い声で悔い改めを迫る伝道団体とは違うことをアピールしたいとの思いです。

路傍伝道の準備は7日前に警察署に届け出を行うことから始まります。道路を使用する許可申請です。2、300円の収入印紙を添付して申請します。ちなみに、駅前からさくらのデパートまでの道路は使用が認められていません。従って、当初考えていた駅前での路傍伝道は諦めて、市役所前の勾当台《こうとうだい》公園前の道路を使用する申請をしました。

さて路傍伝道当日、週報に予告していたので開始時間の1時には15名の教会員が集まってくださいました。感謝です。祈りをもって始めました。次に讃美歌312番を讃美し、ポケットティッシュ配布役、さくら役と分れ、路傍伝道を始めました。牧師の説教（辻説法）は約30分でした。多くのポケットティッシュと教会案内が配布されました。

路傍伝道を始めたからと言って、すぐに目に見える形で結果が現れるとは考えておりません。高齢社会に入り、青年層が少ない中で、教会は人を待っているだけでいけない。打って出るという気持ち、意思、熱さをもって語ることが大切との思いです。そこには、誰かが見ている。その誰かのために福音を語り続ける。一本釣り――言葉は悪いですが、一人の魂を追い求める。その救霊の想いです。そして、イエス様の言葉、「人間を漁る漁師」ですね。

「あなたのパンを水の上に投げよ」（コヘレト10・1　口語訳）。無駄と思えること。しかし、神がそのパンをもって誰かを養ってくださっておられる。いつか豊かな実を稔らせる時が来る。それを信じて、チャレンジしていきたいと祈っています。

大洪水（創世記7章1～24節）

２００４年12月26日スマトラ島沖で巨大地震が発生し、この地震によって生じた津波がインド洋津波とされ、インドネシア、タイ、インド、スリランカなどの諸国の沿岸を襲いました。津波による死者は28万3千人以上にのぼり、未曾有の大災害となりました。おぼえていらっしゃるでしょう。そして、２０１１年3月11日、東日本大震災による大津波が三陸と関東沿岸を襲いました。マグニチュード9.1でした。２０１５年3月11日現在、死者１５、８９１人、行方不明者2、５８４人となっているとのことです。

ちなみに関東大震災は、１９２３年（大正12年）9月1日、マグニチュード7.9により、被災した死者は10万とも14万ともいわれています。

地震、津波、そして本日の説教の大洪水。あまりにも大きな人的被害、物的被害のゆえに、人々の心に残り、語り継がれています。

聖書に記されている洪水は、本日の聖書の中で（聖書はわたしたちに何を告げようとしているのか。そのことを一緒に考え、そこに神の御旨、みこころを訪ねたいと思います）、神は人間のわがまま、勝手さに対して、憤られ、裁きをくだします。それが洪水です。

6章5～7節――。

主は、地上に人の悪が増し、常に悪いことばかりを心に思い計っているのを御覧になって、地上に人を造ったことを後悔し、心を痛められた。主は言われた。「わたしは人を創造したが、これを地上からぬぐい去ろう。人だけでなく、家畜も這うものも空の鳥も。わたしはこれらを造ったことを後悔する。」

そこで、洪水を起こしてすべての生き物を滅ぼそうとされるのです。しかし、ノアとその家族だけが救われます。洪水に対して、箱舟を作るように命じられ、箱舟に入ることによって救われるのです。

7章1節――。

主はノアに言われた。「さあ、あなたとあなたの家族は皆、箱舟に入りなさい。この世代の中であなただけはわたしに従う人だと、わたしは認めている。あなたは清い動物をすべて七つがいずつ取り、また、清くない動物をすべて一つがいずつ取りなさい。空の鳥も七つがい取りなさい。

全地の面に子孫が生き続けるように。七日の後、わたしは四十日四十夜地上に雨を降らせ、わたしが造ったすべての生き物を地の面からぬぐい去ることにした。」ノアは、すべて主が命じられたとおりにした。

こうして、四十日四十夜雨が降り、洪水となるのです。地の表は水かさが増し、ついに地を覆い、すべての生き物が消滅するのですね。しかし、箱舟に入ったノアとその家族、すべての動物の七つがいだけが生き延びることができたのです。

この表現はすごいですね。11節——。

ノアの生涯の第六百年、第二の月の十七日、この日、大いなる深淵の源がことごとく裂け、天の窓が開かれた。

深遠の源が裂け、天の窓が開かれて、豪雨となったのです。四十日四十夜雨が降り続く。神の裁きのすさまじさであります。

12節から16節までをお読みします——。

雨が四十日四十夜地上に降り続いたが、まさにこの日、ノアも、息子のセム、ハム、ヤフェト、ノアの妻、この三人の息子の嫁たちも、箱舟に入った。彼らと共にそれぞれの獣、それぞれの家畜、それぞれの地を這うもの、それぞれの鳥、小鳥や翼のあるものすべて、命の霊をもつ肉なるものは、二つずつノアのもとに来て箱舟に入った。神が命じられたとおりに、すべて肉なるものの雄と雌とが来た。主は、ノアの後ろで戸を閉ざされた。

16節「主は、ノアの後ろで戸を閉ざされた。」

このところは、重要ですね。

わたしは職務上、いろいろな献堂式に行ったことがあります。教会建築で、定礎から棟上げ、そして、竣工した建物を神に献げ、使用する。生ける神の住まう教会としての信仰によって、神に献げるのです。

幾多の献堂式に出席した中で、とくに感銘深い印象をもった教会がありました。日本基督教団の教会ではありませんでした。遠くから近くから、入りきれないほどの多くの出席者がありました。といっても50人も入ればいっぱいになる会堂でしたが……。

献堂式はご存知の通り、献堂礼拝です。賛美、祈り、聖書の言葉が語られ、説教があります。その中で、献堂の辞があるのです。

その司式者は、献堂した教会の牧師ではありませんでした。その教団から派遣された経験豊かな牧師でありました。その牧師は、礼拝が始まる前に語りました。一つの宣言ですね。それは、こうです。「これから献堂式を行います。皆さん、礼拝堂に入ってください。そして、戸を閉めてください」。そこには、教会の牧師がいて、戸を閉めたのです。多分、役員でもいいだろうと思います。わたしは、その時強い感銘を受けたのです。つまり、こうです。

「ノアの箱舟の時、洪水が起きる、まさにその直前に箱舟の戸は閉ざされたのです。しかも、神ご自身が閉ざされた。箱舟は教会だ。わたしたちは、箱舟と言う教会に入れられたのだ」

そう心のうちに考えた時、聖霊に満たされるような強い感動と神の救いの恵みの豊かさと強さを感じ取りました。

「わたしたちは、救われている。イエス・キリストの十字架による救いの恵みに入れられている。その具体的な救いと恵みが教会という箱舟なのだ」という確信です。

雨が四十日四十夜降ろうが、どんな嵐、地震が襲ってきても、教会という箱舟に入れられた信仰者は守られている。神がこのように作れと命じられ、その通りに作った箱舟。それが教会なのです。イエス・キリストの血によって贖われた教会です。まさに、キリストの花嫁である教会に入れられているのです。

神が戸を閉められたということは、中に入っている者にとっては、救いです。しかし、洪水の後に押し寄せる雨と水から避難する人は、もはや入れないのです。閉ざされた拒絶の戸であるのですね。この意味は、実に深いです。

今、わたしたちの前の扉はいつも開けられています。まさに恵みの時、救いの日なのです。(IIコリント6・2)

教会は神の国行きの船に乗った共同体です。これがわたしたちの信仰です。教会は船であります。そして、

a．嵐が来ても、波が高くても、守られている。助け合い、励ましあって、目的地である神の国に共に進む。

b．わたしたちがそうであったように、この船に乗り組む人を誘う。わたしたちも助けられて船に乗り込んだのです。「部屋がないので、もう誰も入れない。定員オーバーになる。船が転覆してしまう」ではないのですね。溺れて沈む人がいっぱいです。助けを求めています。この船は、定員はありません。

c．船に乗る人は、乗組員になります。お客さんはいないのです。働き人となるのです。評論家にならない。愚痴を言わない。不平を言わない。これは出エジプトでイスラエルの民が犯した罪です。

「わたしは何もできません。」そういわれる人がいるかもしれない。教会の働きは奉仕です。祈ること。一番の奉仕、仕事です。教会に来ること、これも大きな証しです。

無言の内に働いているのです。目に見えるだけではない。見えないところで奉仕し、働いている。乗組員の仕事は、証し、祈り、奉仕、献げることです。

d．旅は楽しく、仲良くしましょう。袖摺りあうのも何かの縁とありますが、一緒に旅をするのは喜びです。「あの人と一緒じゃいや」ではないのですね。天国に行くのです。

e．最高の目的は、自分の身によって神の栄光が現されることです。これまでのように今も、生きるにも死ぬにも、わたしの身によってキリストが公然とあがめられるようにと切に願い、希望しています。（フィリピ1・20）

信仰の共同体として、神の国目指して、教会生活を楽しく、喜びに満ちたものとして、生活の力となるように励みましょう。これが何よりの証しです。

洪水のあと（創世記8章1～22節）

以前のことですが、テレビのニュースを見ていたら、地球温暖化の影響ということで、少なくとも百年後には、グリーンランドや南極の氷が溶けていく。そうなると、現在の海面は5メートルから7メートルくらい上昇するのではないかと伝えていました。そうすると地形が変わるわけです。50年くらいの昔になりますが、「日本沈没」という映画がありましたが、日本だけではなく、世界のいたるところで広大な面積の大地が沈んでしまうわけです。

地球温暖化の問題は、わたしたち人類の課題であります。

地球温暖化は、気温や水温を変化させ、海水面の上昇、降水量の変化を引き起こすと考えられています。また洪水や旱魃、酷暑やハリケーンなどの激しい異常気象が増加すると言われます。生物種の大規模な絶滅を引き起こす可能性も指摘されているのです。

しかし歴史的には、氷河期という気候の時期がありました。地球は、氷河期という寒冷な時期と温暖な時期を繰り返してきたのです（氷河期と氷河期の中間を間氷期というのだそうです）。その過程でさまざまな生物が絶滅、あるいは少数ながら生き延びてきたのであります。

地球あるいは、わたしたち人類はそういう気候の変化による天変地異を経験してきました。まさに、カタストロフィー（破滅、破局）を人類は経験してきたのです。また、これからもいつか来るだろうと予感し、不安の中にいます。それが世界各地に洪水伝説という形で残っているのだと思います。

わたしたち信仰者は、地球規模の環境という変化の中で、そこから生じる破滅、破局に対してどう備えていくか。その中にあっても、神の御心とご計画を信じ、どのように生きていくかを課題としてきたのです。

1　数字のこと

前回7章を説教しました。神は、洪水を起こして罪ある人間を絶滅させようと決意されたのですが、信仰篤いノアとその家族と動物たちを助けようとされたのです。7章で洪水が起こりますが、あらかじめ準備した箱舟にノアと動物たちは入るように神は命じられます。1節。その時、神は箱舟に入ったノアの後ろで戸を閉ざされたのです。16節。

雨は四十日四十夜地上に降り続きます。12節。この雨のために水かさが増し、地上をみなぎり、高い山を蔽うほどになるのです。20節「水は勢いを増して更にその上十五アンマに達し、山々を覆った」のです。十五アンマとは、6メートル75センチくらいです。まさに地上のすべてに水が蔽ったのです。こうして、地上の生き物は死滅しました。ただ、箱舟に入ったノアとその家族、動物たちだけが生き延びたのです。

「水は百五十日の間、地上で勢いを失わなかった。」（24節）

8章に入りますと、水が引き始めます。乾燥したのでしょうね。1節――。

神は、ノアと彼と共に箱舟にいたすべての獣とすべての家畜を御心に留め、地の上に風を吹かせられたので、水が減り始めた。また、深淵の源と天の窓が閉じられたので、天からの雨は降りやみ、水は地上からひいて行った。百五十日の後には水が減って、第七の月の十七日に箱舟はアララト山の上に止まった。

それから150日後に水が減ってアララト山の上に止まったのです。アララト山は、聖書の著者が当時知っていた最高峰だったのではないかと思います。エベレストは、知らなかった。ちなみにアララト山の標高は5165メートルです。

13節――。
ノアが六百一歳のとき、最初の月の一日に、地上の水は乾いた。ノアは箱舟の覆いを取り外して眺めた。見よ、地の面は乾いていた。第二の月の二十七日になると、地はすっかり乾いた。

18節――。
そこで、ノアは息子や妻や嫁と共に外へ出た。

雨が降り始めたのが、ノア600歳の時、第二の月の17日でしたから、ノアが箱舟を出て、地面に立ったのは、丁度まる一年10日たってからということになります。

一年間、ノアとその家族は箱舟に入っていたのです。食料はというと、動物の肉があったでしょう。水の備蓄、一年分は大変なことだったでしょう。さらに、動物たちの食料はもっと大変だったことでしょう。岩手にいましたので、よく小岩井の農場に行きました。教会員で酪農家がいました。

乳牛を500頭飼っていました。大農場です。毎日、毎日飼料（エサ）をやらないといけません。世話をするのは、大変です。糞尿の問題もあります。これも毎日、洗い流していかないと、病気になります。衛生的に大変です。臭いの問題が発生します。

動物たちの食べ物と排泄物で、ノアと家族だけではどうしようもないのではないかと人間的には心配です。（宇宙ステーションにいるクルーの食べ物と排泄物を考えるといいかと思います）

2　神の配慮

箱舟にいたノアとその家族、動物たち。人間的な思いでは、そのような感想を持つのですが、信仰的には神の配慮があらゆるところにあった。そのように考えることができるのではないでしょうか？　1節――。

神は、ノアと彼と共に箱舟にいたすべての獣とすべての家畜を御心に留め、地の上に風を吹かせられたので、水が減り始めた。

御心に留められた。この神の配慮にあって、すべての食料や排泄問題、衛生上の諸問題が解決されたのだと信じます。イエス様が五つのパンと二匹の魚で男だけで5千人の群衆のお腹をすかせたのを賄われたのですから。

神の配慮の中で、ノアたちは地上に降りる準備をします。はじめはカラスを放します。カラスは出たり入ったりして当てにならなかったのでしょう。次に鳩を放して地上の様子を調べます。はじめは手ぶらで帰ります。次に夕方になって帰ってきます。そのとき、鳩はオリーブの葉をくわえていたのです。水が地上からひいて、植物の芽が生え、葉が出るくらいに成長していたのです。こうして、ノアは箱舟の覆いを取り外して外を眺めたのです。地の面は乾いていたとあります。

しかし、ノアは待ちます。神の声を。神が入れと言われ、神がご自身の手によって戸を閉ざされたのです。ここでも、ノアは神の言葉を待たなければならなかったのです。

15節以下——。

神はノアに仰せになった。「さあ、あなたもあなたの妻も、息子も嫁も、皆一緒に箱舟から出なさい。すべて肉なるもののうちからあなたのもとに来たすべての動物、鳥も家畜も地を這うものも一緒に連れ出し、地に群がり、地上で子を産み、増えるようにしなさい。」そこで、ノアは息子や妻や嫁と共に外へ出た。獣、這うもの、鳥、地に群がるもの、それぞれすべて箱舟から出た。

こうしてノアとその家族、すべての動物たちが箱舟を出たのです。

わたしたちもまた、神の言葉を待つことが必要となることがあります。自分勝手に行うことが多いと反省します。祈り、みことばを待つのです。

3　祈りの祭壇

聖書は、ノアたちが地上に降りて最初にしたことは祭壇を築くことだと記します。神を礼拝したのです。ノアの生きる姿勢がそこにあります。神の時を待つこと。その時が来たことを確信したとき、行うことは礼拝です。そこからすべては始まるのです。

まず、神の国と神の義を求めるのですね。

祭壇は、犠牲を献げることです。屠り場がもとの意味です。そこで動物をほふり、焼き尽くす。その香りを神は嗅がれる。バーベキューの臭《にお》いです。動物の犠牲です。

罪の悔い改め、生かされていることの感謝を動物の犠牲という代償で神に自分を献げるのです。

わたしたちの礼拝は、イエス様がその代償となられたゆえに、もはや犠牲は必要ないのです。砕かれた魂、悔いくず折れた心でもって神に向かうのです。その祈りの祭壇を築くこと。これこそが神の祝福を受けることであります。

4　洪水の意味

洪水伝説・洪水神話というのがあります。世界各地で洪水の伝説・神話が残されています。洪水によって、多くの生命体が死に絶える。消滅したのです。ノアの洪水がそうでした。ギルガメシュ神話では、シュメールという民族と国家の消滅の記録でもあります。この伝説あるいは神話は世界の各地で残されているのです。それは、まさしく生命の破局、消滅であります。それは地域の中では、民族、国家の衰亡を意味していました。

しかし、残された人がいる。洪水によって生き延びる人たちがいて、彼らは自分たちがこの洪水によっても生きている。死ななかった。その意味と使命を感じ取ったのです。

洪水によって新しい民が生じる。新しい国家が興る。新しい命が生じる。

カタストロフィー（破局、破滅）は新しい出発の第一歩でもあるのです。

ノアは、そのことを認め、まず神に祭壇を築くのです。世界を統べ治められるのは神であり、神

は洪水によってすべての生命を消滅させることも、新たに生きるものを起こされることもできる方であることを知り、それを告白するのです。その礼拝から神の祝福を祈るのです。
バビロン捕囚によって、ユダヤの王国は滅び、イスラエルの民は遠い異国に捕らわれとなり、意気消沈しました。まさに、洪水によって、すべては抹殺されたのです。しかし、同時に新しい展望が開かれました。希望がある。生き残った者たちが、自分たちの生きている意味と使命を感じて新しい出発をするのです。イザヤ書54章1～10節――。

わずかの間、わたしはあなたを捨てたが
深い憐れみをもってわたしはあなたを引き寄せる。
ひととき、激しく怒って顔をあなたから隠したが
とこしえの慈しみをもってあなたを憐れむと
あなたを贖う主は言われる。
これは、わたしにとってノアの洪水に等しい。
再び地上にノアの洪水を起こすことはないと
あのとき誓い

今またわたしは誓う
再びあなたを怒り、責めることはない、と。
山が移り、丘が揺らぐこともあろう。
しかし、わたしの慈しみはあなたから移らず
わたしの結ぶ平和の契約が揺らぐことはないと
あなたを憐れむ主は言われる。

わたしたちもノアの洪水のような苦境、苦難、すべてが滅び、意味がなくなるような経験をすることがあります。しかし、洪水のあとに、神はなおわたしたちを憐れみ、生き残り、生きる希望と力を与えられる。そして、わたしたちが予想もしない、まさに人知を超えた神の恵みと祝福を神は用意されておられることを知るに至るでしょう。

人生には希望がある。意味がある。神は霊の息吹をもって、吹きかけ、水をひかせ乾かせて、道を設け人が渡るように備えてくださるのです。

祝福と契約（創世記9章1～28節）

わたしの知り合いで菜食主義者がいました。盛岡在住の時、善隣館という教区センターの外国人職員でした。一年契約で日本に来て、宣教師という資格で英語の教師をしていました。彼は菜食主義で自宅に招待して食事を一緒にしたのですが、菜食主義ということを知っていましたので、肉類を出さなかったことを覚えています。

現在、健康志向のためにダイエットして肉を食べないという方もいらっしゃると思います。わたしが神学校を卒業して最初の赴任地である舘坂橋教会では、大住先生という隠退牧師がおられて、元気に礼拝に出席されていました。大住先生は玄米を食べ、いろんな集会でそれを宣伝された先生です。わたしはよく覚えていますが、先生は、本当に健康志向の先生でした。玄米だけでなく、『食と生活』という月刊雑誌を定期購読されていました。よい記事はわたしにも紹介されました。食べ物、食器を洗う洗剤は、毒であること。砂糖、肉類は毒であるとよく言われていました。わたしは肉が好きだったものですから、ほんとかなと聞いておりました。
ところで、本日の聖書です。人類は菜食主義と申しますか、野菜・果物を食べていたことが記されています。

1　祝福と契約

洪水によって生き延びたノアとその家族に、神は「産めよ、増えよ、地に満ちよ」と祝福と繁栄の言葉を語られます。そして、人間に肉食を許可されるのです。3節――。

「動いている命あるものは、すべてあなたたちの食糧とするがよい。わたしはこれらすべてのものを、青草と同じようにあなたたちに与える。」

ただし、「血を含んだまま食べてはならない」と禁止事項が入ります。律法に規定されていることの前触れです。（レビ記17・10～13）

ここで初めて肉食を許されるのです。それまでは、肉を食べてはいなかったということです。野菜と果物、木の実を食していた。カインとアベルの記事で、カインは畑で採れた穀物類を献げ、アベルは肥えた動物の肉を献げたとあります。このへんの整合性はどうなるのかと考えさせられます。

こうして、神はノアと契約を立てられるのです（9節以下）。そして、契約締結のしるしとして、虹が証しとなります。この虹によって、神は二度と人間を滅ぼすことをしないと契約されるのですね。

この契約は、神と人、この場合はノアですが、全人類に対して立てられた契約です。16節ですね。

雲の中に虹が現れると、わたしはそれを見て、神と地上のすべての生き物、すべて肉なるものとの間に立てた永遠の契約である。

永遠の契約です。最近というか、よく言われますが、「終末が近い、世の終わりが来る」とかですね。確かに、人心において（人のこころが冷え切っていますし）、自然現象において、東日本大震災やフクシマ原発などによる自然災害ですね。温暖化にしてもそうですが、世の終わりの兆候のように思います。

しかし、聖書の神はそう仰ってはおられない。15節「肉なるものをすべて滅ぼすことは決してない。」神の契約です。もし世の終わりが来るなら、確かに世の終わりは来るのですが、その時は、主イエス様の再臨の時です。イエス様がもう一度いらっしゃる。再臨です。これが世の終わりであり、終末なのです。

2　交わりの回復としてのノアの信仰

ところで、聖書のテーマの一つは、「交わり」であります。神と人との「交わり」です。神は交わりのために、人間を創造されるのです。

その人間に「産めよ、増えよ、地に満ちよ」と祝福と繁栄の言葉を語られます。創世記1章28節アダムの創造。しかし、アダムは神の言葉を守ることができず、エデンの園を追放されました。その結果として、ノアの時代の洪水です。交わりを求められる神は、人の罪によって交わりを絶たれるのです。断絶です。罪の支払う法則は、死です。（ローマ書6・22）

9章において、神は契約の言葉をノアに語られます。でも、よく読むと、この9章は、ほとんどが神の独白です。応答の言葉がない。ノアは神に語った、あるいは、返事をした、神の言葉に応答した。そのような言葉はありません。

しかし、この交わりということを考えますと、アダムの場合はどうだったでしょうか？アダムの場合、「産めよ、増えよ、地に満ちよ」と祝福と繁栄の言葉を語られます。先ほども申し上げたとおりです。創世記1章28節ですね。

これを契約と考えるとき、次に園の中央にある知識の木の実を食べてはならないと禁止命令が下ります。しかも「食べると死んでしまう」とまで言われます。死を知らないアダムに死を語ることはどういうことか？　アダムは戸惑ったに違いありません。しかも、ある意味、一方的な契約です。アダムの返事がないのです。

そもそも、契約は相互の対話が必要です。応答です。アダムの場合、アダム自身の応答がないのです。「はい、分かりました」とか「死とは何ですか？」そういうアダム自身の声があってもよいのではないか？

アダムは沈黙しています。言葉を理解していたか？　原初の人間ですから。

神が創造されたのだから完全であるべきではあります。

アダムはエバを通して、木の実を食べてしまい、エデンから追放され、死を経験します。しかも、不幸なことに、二人の息子、カインとアベルの争いを見、そして兄カインは弟アベルを殺し、その死を経験するのです。その後、自らが死を経験するのです。

3　ノアの失敗――息子たちへの祝福と呪い

洪水の後に、神はノアに言われます。1節――。

神はノアと彼の息子たちを祝福して言われた。「産めよ、増えよ、地に満ちよ」

応答というと、ノアは神に返事をしたのでしょうか？　これもある意味、一方通行のように思います。ある面、ノアもまた沈黙です。対話がありません。交わりにおける、対話が生じるのは、アブラハムからとなります。実は、アブラハムによって、本格的な聖書の言葉が神の言葉としてわたしたち人間に響いてくるのです。すなわち、神と人との対話が具体的に始められるのです。そこには、生きた人間の息吹と申しますか、血が通った温かな対話が神と人とで交わされるのです。

さて、生き延びたノア、神の祝福の言葉を与えられたにもかかわらず、ノアは失敗します。酒に酔ってしまい、裸になって寝てしまったのです。そこで息子たちの行動です。21節以下――。

あるとき、ノアはぶどう酒を飲んで酔い、天幕の中で裸になっていた。カナンの父ハムは、自分の父の裸を見て、外にいた二人の兄弟に告げた。セムとヤフェトは着物を取って自分たちの肩に掛け、後ろ向きに歩いて行き、父の裸を覆った。二人は顔を背けたままで、父の裸を見なかった。ノアは酔いからさめると、末の息子がしたことを知り、「カナンは呪われよ。奴隷の奴隷となり、兄たちに仕えよ。」

セム、ヤフェトの行動、呪われたハムの行動の違いは何だったのでしょうか？

「裸を見る」という行為に意味がありそうです。一説によれば、性的行為という解釈があります。別の解釈は父を侮辱した。具体的に語るのを憚りますが、息子によって、父ノアは、息子ハムを呪うことになったのです。セムは「名声」という意味があり、イスラエル、アラブなどの諸民族とされています。ハムは、「暑い」という意味であり、カナン人の祖であるとされます。ヤフェテは「広くさせよ」という意味があり、インド、ヨーロッパ人の祖であるとされます。（中国人、日本人などの東洋人はどうなるのかという問いが生まれます）

創世記の最初の物語（1章から11章）は、12章から始まるアブラハム物語の序章のような位置付けであり、セムの子孫であるイスラエル民族、とくにアブラハムによって始まるイスラエルの歴史がこれから始まりますよという宣言でもあると理解することができるでしょう。

先ほど、神と人との交わりと対話ということを申しました。まさしく、このアブラハムによって、神と人との対話がなされ、アブラハムは、神の友とされるのです。

4　神の選び

数ある民族の中から、神はイスラエル民族を選び、神の友とされ、ご自身を現し、歴史を導かれます。神と人との交わり、その交わりを壊すのが、人間の罪です。回復の手段としての祭儀があり、いけにえを献げることによって交わりが回復されます。しかし、旧約聖書はこの循環を繰り返しています。この悪の循環に待ったをかけ、取りやめたのは、主の十字架によってです。神が人となられた。そこに神の救いの経綸があるのです。

狩人ニムロド（創世記10章1〜14節）

1　洪水のあと

創世記1章から順を追って講解説教をしています。アダム、カイン、セトの系図が記されます。しかし、ノアの時代にすべてが滅びてしまいます。それは「地上に人の悪が増し、常に悪いことばかりを心に思い計っている」（創世記6・5）からでした。神は「地上に人を造ったことを後悔し、心を痛められた」のです。

神が取られた選択は、人間を滅ぼすということでした。そして実行に移されるのです。しかし、ノアだけを助けようとされました。それはノアが「神に従う無垢な人」だったからです。ノアは「神と共に歩んだ」（6・9）とあります。ノアとその家族、そして地上のすべての動物を箱舟に入れて、洪水が起こりました。洪水によって、ノアとその家族、動物たちの対だけが生き延びたのです。

洪水によって地上は水浸しになり、一年間箱船は水の上を漂いました。一年の間に地上の生き物はすべて水の底に沈み、滅びたのです。一年後、ノアとその家族、動物たちは箱舟から出ました。そのとき、神はノアと契約をされます。ノア契約とよばれるものです。8章21、22節です。

「人に対して大地を呪うことは二度とすまい。人が心に思うことは、幼いときから悪いのだ。わたしは、この度したように生き物をことごとく打つことは、二度とすまい。地の続くかぎり、種蒔きも刈り入れも／寒さも暑さも、夏も冬も／昼も夜も、やむことはない。」

神は契約のしるしとして虹をかけられます。

2　ノアの子孫——ノアから出た地上の民族

さて、本日は10章です。ここにはノアの系図が出てまいります。こんな系図がどんな意味があるのだろう？　そう不思議に思われるかもしれません。先ほど申しましたように、一度、人類は滅びかけております。一年におよぶ洪水と水浸しのため、箱舟にいる生命以外は、死に絶えたのです。そして、ついに箱舟を出ます。これはノアの生き残りの物語であり、人類の再出発でもあるのです。そこで、ノアの系図です。系図と申しましたが、正確には子孫ですね。ノアの三人の息子たちとその子孫です。

この子孫たちは、民族名で記されます。○○人《じん》という具合に、民族名となっているのです。

ここでは、聖書の著者（編集者）が理解しただけの民族が記されていると言われます。創世記10章の時点で書かれた当時の世界、民族です。セム、ハム、ヤフェトの系図ですが、合計70の子孫つまり民族が記されています。70と言うのは、聖書では完全数です。世界、全人類という意味です。セムはイスラエル、アラブを指します。ハムはエジプト、エチオピアを指すとされます。ヤフェトは白人を指すとされます。この系図に注目するのは、イスラエル＝ユダヤが記されていないということです。イスラエルはアブラハム、イサク、ヤコブから出てくるのですから、まだアブラハムの時ではないということですね。11章の後半のテラの系図にアブラムが出てまいります。満を持してアブラム（のちのアブラハム）が登場してくるのです。（しかし、本日はニムロドです）

3　ニムロド

さて、ニムロドです。民族の系譜の中で、唯一個人名が記されます。ニムロドについては、次のように記されています。8節以下――。

クシュにはまた、ニムロドが生まれた。ニムロドは地上で最初の勇士となった。彼は、主の御前に勇敢な狩人であり、「主の御前に勇敢な狩人ニムロドのようだ」という言い方がある。彼の王国の主な町は、バベル、ウルク、アッカドであり、それらはすべてシンアルの地にあった。彼はその地方からアッシリアに進み、ニネベ、レホボト・イル、カラ、レセンを建てた。レセンはニネベとカラとの間にある、非常に大きな町であった。

聖書地図を開きますと、ニムロドの治めた地域は、メソポタミア地域をカバーします。今のイラクとイラン、アラビアですね。大帝国です。その王として君臨するのです。（中国の秦、始皇帝を連想します）

彼は大帝国を支配し、絶大な権力を維持します。このニムロドは主の御前に勇敢な狩人であり、「主の御前に勇敢な狩人ニムロドのようだ」という言い方があるとあります。この狩人とはどういう意味でしょうか？　勇者、狩猟者という以外、適当な解釈はありません。

わたしは、神の前におのが権力を誇る者と考えています。学生時代に読んだニーチェの著書で、「ニムロドは天に矢を射た」と書いているのを覚えています。45年以上の前のことで、未信者でした。

ところで、この最初の権力者、ニムロドは活き活きとして描かれているように見えます。活動的です。権力者というのは、ダイナミックで力に満ちているのでしょうか。今までの聖書の人物が静かな、静的な人物と比べると、ニムロドは動的であります（権力の構造。力。神との対峙。そういう弁証法的な段階です）。このニムロドは、11章のバベルの塔の建設者であるとされます。その絶大な権力によって、バベルの塔の建設にとりかかるのです。

もう一度、ニムロドに戻りますが、ニムロドとは、謀反者という意味があります。何からの謀反か？　天に弓を引く。つまり、神に弓を引くという点で、謀反者であります。「天を仰いで唾する」という言葉があります。これは、上を向いて唾を吐けば、自分の顔に落ちてくる。他人を害しようとしてかえって自分の身をそこなう。そういう意味であります。しかし、「天に弓を引く」は、神を敵視し、神に力で挑むものであります。そこに人間の傲慢さがあります。

ニムロド伝説という物語がユダヤの文学にあります。聖書の中に、バベルの塔の建設にニムロドが直接携わったことは書かれていません。ユダヤ人の伝説では、父クシュはニムロドを溺愛しており、魔法の皮を彼に与えたとあります。この皮は、アダムとエバがエデンの園から放逐されたときに神から授かったもので、これを身に纏えば、動物は彼を見ただけで倒れ、彼と格闘して勝てる人間はいなかったという強力な力を持った品物であったというのです。そうして一国を支配する王となり、自らを神にもなぞらえたニムロドの欲望はますます募り、やがて彼は、天に侵攻しようとまで考えたのです。そのための階梯となる建築物こそバベルの塔であるのです。塔は、最上階まで登るのに1年かかるほどのものになったとのことです。

ほんまかいなと思いますが、伝説ですね。こうしてバベルの塔の物語に11章が入ります。次回ご期待くださいと申し上げます。

最初にノアの系図がありました。三人の息子たちがそれぞれ民族の祖先となるのです。アダムの二人の息子カインとアベル、カインは弟アベルを殺害します。カインの子孫たちは、高ぶり、神に反逆します。その子孫たちは、洪水によって滅びました。今また、ノアの三人の息子たちのうちハムは、父ノアによって呪われます。このハムの子孫からニムロドが生まれるのです。歴史は繰り返します。しかし、神はニムロドのような王が出てきても、ノアへの誓い（契約）によって、もはや人間を滅ぼすことはなさらないのです。神の慈愛と忍耐があります。人間の罪と高ぶりはやむことはありません。その血統は、すなわち血のつながりは、わたしたち現代人にも及んでいるのです。わたしたち自身もまた、神に弓を引くものでありました。神の言葉、神の愛に背き、反逆してきたものであります。まことに、主イエス・キリストによる十字架の血によってしか、罪赦され、清められることはないのです。長い、長い、神の救いの道筋（経綸）が始まるのです。アブラハムによって、画期的な展開が起こります。それは12章まで待ちましょう。

バベルの塔（創世記11章1～32節）

科学の進歩は日進月歩で凄まじい勢いで進歩しています。あるニュースは「2050年までに予想される未来のおもな出来事」と題して、医療分野、宇宙開発、資源・エネルギーなどの記事の紹介がなされました。今から30年から35年後の科学の発展により、まさに人類はばら色のような感がありまます。

そこには、ガンやあらゆる病気の治療が開発され、今よりも寿命が相当延びるでしょう。しかし、一方では、科学の発達は同時に人間や生き物の危険をはらんできたことも確かであります。原子力はそのエネルギーの利用という大きな貢献をしましたが、同時に原子爆弾を作り出し、多量の生き物を殺傷できる武器ともなるのです。宇宙開発は人間の劇的な進歩と開発を約束しますが、また新たな破壊を宇宙規模にもたらせることにもつながります。

科学の発達と便利さは、同時に人間社会の破壊にもつながるのです。まさしく、両刃の剣です。

本日は創世記11章からバベルの塔と題していますが、塔、高い塔ですね。この塔にちなんで少しコメントいたします。

20世紀初頭では、アメリカ合衆国のニューヨークでは摩天楼が建てられました。戦後、日本では東京タワー、霞ヶ関ビルなど高層ビルが建築され始めました。今は、東京スカイツリー６３４㍍のタワーが建築され、東京の観光名所になりました。これは塔です。人がエレベーターに上っていくのですが、ビルディングではないのです。

しかし、上には上があるもので、中東のドバイでは世界で最も高いとされる、高さ８１９㍍のビル「ブルジュ・ハリファ」が２０１０年1月に完成、落成式を行いました。それは、タワーではなくて、ビルです。約２００階建てで、１６０階分の計１０４４戸は居住スペースに、40階分はオフィススペースに充てられる。高級ホテルも入る。なお、エレベーター数は計57基あるとのことです。

さらに今度は、フロア数は４００階建て、高さ２４００㍍という前代未聞の建築物が計画されているとのことです。日本のような地震国はまず無理ですね。中東は地震がないので、無制限の高さの建物を建てることができるのでしょう。１０００㍍を超えるビルが建造されるとのことです。

本日のバベルの塔の記事は、アダムとエバ、カインとアベルそしてノアの箱舟と大洪水という創世記の記事の中で、いわば神話的な物語の最後といわれています。12章からアブラハム物語が始まり、このアブラハム物語から現実的に生きた信仰をもった人物が登場するのです。

このバベルの塔の記事は、最初に申しましたように人間の文明社会の両刃の剣をイメージしているように思います。

もう一度お読みしますと、

世界中は同じ言葉を使って、同じように話していた。東の方から移動してきた人々は、シンアルの地に平野を見つけ、そこに住み着いた。彼らは、「れんがを作り、それをよく焼こう」と話し合った。石の代わりにれんがを、しっくいの代わりにアスファルトを用いた。彼らは、「さあ、天まで届く塔のある町を建て、有名になろう。そして、全地に散らされることのないようにしよう」と言った。

れんがとアスファルトは、文明を意味します。人間の創造的な力と進歩を象徴しているのです。火を人間にもたらしたプロメテウス的な開発ですね。このシンアルの地は、メソポタミアであり、イラクの地です。その王はニムロドといわれています。権力者として、「さあ、天まで届く塔のある町を建て、有名になろう。そして、全地に散らされることのないようにしよう」

ここでは、神に逆らい、自らの権力を誇り、自らが神になる。その人間の傲慢さ、高ぶりを意味しています。こうして神をもしのぐ。神のちからを簒奪していく。人間の野望です。

「有名になろう」という言葉は、現代的だなと思わされますね。「名を上げる」と翻訳されている聖書もあります。今の時代、いや、いつの時代でも、この有名になる。つまり、権力と名声、そこからくる人々の注目ですね。それに人間は弱い。大きさもそうですね。負けてしまいます。

数において。大きさにおいて。権力とお金において。比較し、高ぶり、ときに意気消沈します。イエス様さえ、サタンに誘惑されます。名声と栄耀栄華、人々の注目ですね。テレビタレントのように人気がでる。石をパンに変える。人々の注目です。奇跡。高い塔から飛び降りる。これは見世物です。興業師です。芸能、コンサートを開催する人たちです。人気商売ですね。博奕のようなものです。人間は、こういう人気、名声と力に弱いですね。ある面、理想がなくなった政治も同じです。ポピュリズム。人気を集める政治をします。

そのことをごらんになった神は、

「彼らは一つの民で、皆一つの言葉を話しているから、このようなことをし始めたのだ。これでは、彼らが何を企てても、妨げることはできない。我々は降って行って、直ちに彼らの言葉を混乱させ、互いの言葉が聞き分けられぬようにしてしまおう。」主は彼らをそこから全地に散らされたので、彼らはこの町の建設をやめた。こういうわけで、この町の名はバベルと呼ばれた。主がそこで全地の言葉を混乱（バラル）させ、また、主がそこから彼らを全地に散らされたからである。

この聖書の箇所は、アダムから出てきた人類にどうして、さまざまな言語、民族が出てきたのか。その原因である人間の罪、高ぶりに対して、神が言語を混乱させて、ちりぢりにされた。これがこのテキストのメッセージであります。

不思議なもので、人間が一致してものごとを成し遂げようとするところ。そこに神の裁きがあるというのですね。

こういうわけで、この町の名はバベルと呼ばれた。主がそこで全地の言葉を混乱（バラル）させ、また、主がそこから彼らを全地に散らされたからである。

［一方では、人間の高ぶりのために人間が一致団結して神に戦いを挑んでいく。そこでは、神の側での混乱（バラル）があるのではないか？　あたかも、子どもを愛し、目に入れても痛くないように育ててきた子どもが、あるとき親に対して、「もうあなたの力は結構です。わたしが一人

で生きていきます」と独立を宣言され、親としてないがしろにされているような寂しさを味わうようなものかもしれない。」

しかし、その一致は神の主権の簒奪《さんだつ》であり、そこには、神を見失った人間社会の悲惨さが生じるのです。ただ、人間の文明の高度を誇り、目指すとき、人間性が失われて行き、人間社会の崩壊が見られるのです。神なき人間の残酷さ、醜悪さは歴史が証明しています。

聖書は、〈神と人間〉というテーマをもって壮大なドラマを展開しつつ、神の絶対性と人間の信仰と服従、創造者と被造者という超えがたい溝にあって（乖離《かいり》）も、ただ神の主権、神が神として崇められるべきことを譲らないのです。

こうして、神の介入により、言葉が混乱させせられて塔の建設は中断されます。そして、言葉の一致を失った民は、散らされていくのです。

使徒言行録2章におけるペンテコステの出来事において、言葉の混乱は聖霊によって一つとされます。創世記11章の記事が、ここで真の回復に導かれるのです。そこには、イエス・キリストの十字架と復活という神のご計画によって、長い長い歴史の歳月を超えて、人間が一つ思い、一つの心、一つの信仰を取り戻すのです。

こうして、聖書は初めと終わりが結びつくのですね。大団円を迎えます。そして最後は、主イエス・キリストの再臨によって歴史は完結いたします。そのことを信じて、信仰生涯を送る。これがキリスト者であります。

本日は、礼拝後に教会総会が行われます。総会は一年の歩みが守られたことを感謝するときです。一年の歩みの報告がなされます。牧師報告はその総括とまとめです。そこに、神の恵みと慈しみを感謝するのです。会計報告、献金は信仰の表れであります。各部各班の活動報告。これも一年間、守られた喜びを分かち合うのです。足りないところもあったかもしれません。しかし、すべて感謝です。そして、これからの一年。計画、抱負、行事。すべてに神の祝福を祈り、主の臨在と信仰と祈りによって、一年を雄々しく歩むのです。

そこには、信仰の一致、聖霊の一致があります。そうでなければ、教会はバベルの塔です。人間が計画し、自分の力を頼み、自分の意思で実行していく。どこに神の働かれる余地があるのか。神様に働いていただく。聖霊の導きを期待し、祈る。そして実行するのです。昨日は、路傍伝道をしました。そこに神様が働かれるのを期待し、救いの御業が進むように祈る。これが教会です。待っているだけではない。外に出ていく。

一年、期待し、祈り、伝道していきましょう。

参考資料

一方、ユダヤ人の間でミドラーシュという文学ジャンルで語り伝えられているバベルの塔の物語があります。そこには、ニムロドはよりネガティブな人物として想定されています。「ニムロド」とはヘブライ語で「我々は反逆する」を意味していると言われます。狩人としての彼の行為もまた、凶暴かつ残虐的です。なかんずくバベルの塔の建造においてはその企画発案者と見なされており、バベルでの偶像崇拝を拒絶した青年時代のアブラハムを炉に投げ入れるよう命じる場面が詳述されています。この逸話は一神教徒アブラハムと偶像崇拝者ニムロドとの間に起きた神学的な闘争として、アブラハムの信仰心について語る際によく引用されています。

旅立ち（創世記12章1～9節）

日本人は旅が好きですね。毎年、暮れから正月にかけて、5月のゴールデンウィーク、夏季休暇には家族で、帰省、あるいは旅行する習慣があります。海外旅行。新幹線、自動車での旅行です。大昔の旅は命がけでした。

松尾芭蕉の〈奥の細道〉には、「月日は百代の過客にして、行かふ年も又旅人也。舟の上に生涯をうかべ馬の口とらえて老をむかふる物は、日々旅にして、旅を栖とす。古人も多く旅に死せるあり。予もいづれの年よりか、片雲の風にさそはれて、漂泊の思ひやまず、……」

人生を旅にたとえています。西行法師も旅を続けました。

聖書においても、人の生涯は旅にたとえられています。
新約聖書・ヘブライ人への手紙11章13節。
地上では旅人であり寄留者であることを、自ら言いあらわした。（口語訳）
新共同訳では、
自分たちが地上ではよそ者であり、仮住まいの者であることを公に言い表したのです。

本日、読まれた創世記12章。聖書に記されるさすらいの旅をたどる旅人のはじめです。
もう一度、読みましょう。
主はアブラムに言われた。
「あなたは生まれ故郷
父の家を離れて
わたしが示す地に行きなさい。
わたしはあなたを大いなる国民にし
あなたを祝福し、あなたの名を高める
祝福の源となるように。

あなたを祝福する人をわたしは祝福し
あなたを呪う者をわたしは呪う。
地上の氏族はすべて
あなたによって祝福に入る。」
アブラムは、主の言葉に従って旅立った。ロトも共に行った。アブラムは、ハランを出発したとき七十五歳であった。

4節に、アブラムは、主の言葉に従って旅立った、とあります。そのとき、彼は75歳になっていたのです。先ほどの芭蕉の奥の細道、芭蕉は、46歳、一五五日の徒歩の旅。宮城の松島、岩手の平泉、そして新潟、北陸の金沢を経由して岐阜の大垣まで約六〇〇里（2、400キロメートル）の旅をするのです。

アブラムのちアブラハムは、どのくらいの距離を歩いたのでしょうか？　中東の荒れ野をひたすら歩いたのでしょう。彼の出発点は、ハランです。地図を見ながら計算したのですが、今のイスラエル、エルサレムまで約1、500キロです。これは九州の博多（福岡）から仙台くらいの距離ということです。

今日は、旅立ちと題して、以下の四つのことでお話しようと思います。

1．神の言葉の促し　2．神の約束　3．旅の目標　4．分離・放棄

1　神の言葉の促し

「あなたは生まれ故郷　父の家を離れて　わたしが示す地に行きなさい。」

その神の言葉を聞いて、アブラムは即座に従ったのですね。アブラムにとって、神とはなんだったのでしょう？　11章の終わりのほうで、アブラムとその家族のことが記されていますが、神とアブラムの関係は記されていません。まさに、突然、アブラムの前に神が現れ、「あなたは生まれ故郷　父の家を離れて　わたしが示す地に行きなさい」と命令されるのです。

わたしたちにとって、神とはどんな存在、どんな方なのでしょうか？

わたしたちにとって、自分のいのちは自分のものです。従って、自分の人生は自分のものです。た

とえ、親でさえも、かかわってほしくない。そんな気持ちがあります。決定権は自分にあるのです。選択権は自分にあるのです。どんな権威もちからも関係ない。自分のことは自分が決める。これが現代に生きるわたしたちです。若い時、未熟な時、小学生、中学くらいまでは親や学校の教師の意見、言葉を尊重するでしょう。しかし、大人になれば、もはや誰の意見も命令も参考にしても、それに従うことはないでしょう。

アブラムにとって、神とは何だったのでしょうか？　この問いは謎です。答えも謎です。ただひとつ、分かっていることは、アブラムは神の言葉を受け入れたのです。聞き従ったのです。このあとを読んでいくと、アブラムと神との関係が記されます。アブラムの物語は25章まで続きます。そして175歳で亡くなります。非常に長命ですね。この12章から100年の間、神とアブラムの関係が続くのです。

2　神の約束

アブラムは無目的で神の言葉に従ったわけではありません。そこには、明確な神の約束がありました。2、3節――。

わたしはあなたを大いなる国民にし
あなたを祝福し、あなたの名を高める
祝福の源となるように。
あなたを祝福する人をわたしは祝福し
あなたを呪う者をわたしは呪う。地上の氏族はすべて
あなたによって祝福に入る。

神の約束とは、祝福ということです。あなたを祝福しますという神のことば、約束です。祝福とは何でしょうか？　ヘブライ語では、ベラーカーです。賛美とも訳されますが、もともとは、神の祝福をいいます。祝福とは、救いそのもの。神のいのちに満ちた力を与えられることを指します。贈物や和解の意味も持ち、感謝の意味もあります。その中心は、物質的なものが中心でありました。その代表的なものでは「子が生まれる」ということです。創世記1章28節では神が人間を祝福して言われます。「生めよ。ふえよ。地を満たせ」と。数が増えるということですね。繁栄する。これが祝福のひとつの側面です。アブラムの子孫は、砂浜のように数えきれないほどに増える。星の数ほどに数え切れないほどに子孫が増える。

神の祝福は、神の約束でもありました。しかし、このとき、まだアブラムには子どもがいなかったのです。妻サライは、不妊でした。子どもがいないアブラムに、神は子どもが生まれ、アブラムを通して、地上の氏族はすべて祝福に入る、といわれるのです。

不妊はその家の歴史の終わりです。跡継ぎがいないことは、当時の女性にとって大変なことでした。聖書には不妊の系図があります。リベカ（イサクの妻）、ラケル（ヤコブの妻）、ハンナ（サムエル記上1章）、捕囚記のイスラエルもまた不妊と表現されています（イザヤ書54章）。新約では、ヨハネの母エリザベツ、そして、最後に夫なくして子を産むマリアです。

しかし、聖書の信仰は不妊でさえ、いのちを与えられる神の祝福を宣言しています。ローマ書4章17節「無から有を呼び出される神」（口語訳ですね）、新共同訳は「死者に命を与え、存在しないものを呼び出して存在させる神」です。

神の約束とは、希望のない人々を未来ある共同体へと招かれるのであります。

こうしてアブラムは旅に出るのですが、帰るべき土地はありません。国民にするには、国が必要です。その国もないのです。国の土地は神が与えられる。これが約束の内容です。

アブラムはその神の言葉を信じて、旅に出るのです。神に従うのです。この時、アブラムには何もなかったのです。無一物。文字通り、裸一貫です。神のことばを信じ、旅に出たのですね。

3 旅の目標　人生のゴール

では、神はどこにアブラムを導こうとされるのでしょうか？　アブラムはあてもなく、旅に出たのでしょうか？　聖書は「わたしが示す地に行きなさい」です。神様だけが知っている地です。ほかの聖書の箇所には、「行き先も知らないで出て行った」とあります（ヘブライ書11章8節）。目に見えない神の言葉に従って、それに応じて出発したのです。そして、実際にアブラムは獲得したでしょうか？　いろいろな試練がありましたが、アブラムは獲得したのですね。ユダヤ人はアブラムを父としています。イスラム教の人たちもアブラムを父としているのです。アブラムの子孫がアラブなのです。海辺の砂浜の砂、空に輝く無数の星のようにアブラムの子孫が生まれたのです（ヘブライ書11章11～12節）。

信仰によって、アブラハムは、自分が財産として受け継ぐことになる土地に出て行くように召し出されると、これに服従し、行き先も知らずに出発したのです。信仰によって、不妊の女サラ自身も、年齢が盛りを過ぎていたのに子をもうける力を得ました。約束をなさった方は真実な方であると、信じていたからです。それで、死んだも同様の一人の人から空の星のように、また海辺の数えきれない砂のように、多くの子孫が生まれたのです。

4．分離・放棄

祝福をいただく条件があります。それは非常に困難な修行をするということではありません。従うということです。それが信仰なのですね。単純なことなのです。シンプル　イズ　ビューティフルという言葉がありますが、まさしくシンプルなのです。しかし、それが一番難しい。本当なのか？　疑心暗鬼を持つことです。これがわたしたちも考えです。

従うということ。それは分離を意味します。離れるのです。何から離れるのか？　いま執着しているものから離れるのですね。それを放棄するといってもよいでしょう。

わたしたちは、神から祝福を受けようとします。それは、この世における物質のなにものにもまさって素晴らしいものです。しかし、それを受けるには、条件があるのです。自分のものを放棄する。

離れるのです。

それは安定しているところから離れることを意味します。親と近親は何を指すか？　定住から定まりのない不安定極まりない危険な旅にあえて身を置くということです。

1節――。

「あなたは生まれ故郷　父の家を離れて　わたしが示す地に行きなさい」

とあります。

生まれ故郷、父の家とは何を意味するのか？　それは、メソポタミアの爛熟した文化、権力、名声、欲望の渦巻く罪の世界を言うのです。偶像の世界です。偶像とはアイドルですね。はじめのところで、メソポタミアのウルという古代史史上、重要なところだと申しました。考古学的には、非常に重要な発掘がなされています。そこは、偶像礼拝の地でもあったのです。11章で、バベルの塔の故事がありますが、権力の支配と文化の爛熟（権力者ニムロド）偶像礼拝を強制する王の支配から脱していく。それは分離、放棄を意味するのです。何からの分離、放棄か？

わたしたちはアイドル、偶像を持っています。それは名声を得ようとする名誉心、権力を持とうとする支配欲、栄耀栄華を夢見る金銭欲、女性への肉体的な欲望などです。人を蹴落としてまで自分の地位を保とうするものです。

分離は、清さです。自分自身を清く保つために必要です。さもなければ、汚れます。腐敗します。身体だけでなく、こころも霊性（スピリチュアリティー）においても、です。

それは身の破滅となります。そこから分離していくのです。積極的に、です。それは神に近づくこと、自分自身を神のそばに置くこと。神の臨在に触れることをいいます。

分離と放棄は、新しいいのちの獲得です。特別な恵みをいただくのです。

それが一番の祝福なのです。必ず、神はいのちと恵みを賜うのです。

それがわたしたちの信仰と神への服従なのです。今日、神のめぐみといのちに目覚め、神の世界に入られる方が起こされるようにお祈りいたしましょう。

神はそのように旅立ちをわたしたちに促されているのです。

失　敗（創世記12章10〜20節）

12章からアブラハム物語が始まりました。創世記は50章ありますが、ここから具体的にアブラハムを通して、イスラエル民族の歴史が始まるのです。11章27節から、アブラハムの出自が記されています。どこから出てきたのか。これは非常に大切なことなのです。

11章まで聖書の舞台はメソポタミアであったことが分かります。バビロンのウルが主な聖書の世界であったのです。世界文明の一つですね。

ここからわたしたちがなじみのパレスティナに舞台が移る。その初めなのですね。

12章1節において、神はそのアブラハムを祝福されます。それは旅立ちを促されることからはじまります。1節からお読みします。

主はアブラムに言われた。

「あなたは生まれ故郷

父の家を離れて
わたしが示す地に行きなさい。
わたしはあなたを大いなる国民にし
あなたを祝福し、あなたの名を高める
祝福の源となるように。
あなたを祝福する人をわたしは祝福し
あなたを呪う者をわたしは呪う。
地上の氏族はすべて
あなたによって祝福に入る。」

アブラムは、主の言葉に従って旅立った。ロトも共に行った。アブラムは、ハランを出発したとき七十五歳であった。

4節に、アブラムは、主の言葉に従って旅立った、とあります。そのとき、彼は75歳になっていたのです。

この神の召命を受けてアブラハムは旅立ちます。神がともにおられる。イムマヌエルの神の呼びかけに応じた旅です。神の祝福の約束がアブラハムを後押しします。
しかし、次の展開は……11節以降です。異教の地のできごとです。

これはどういうことでしょうか。飢饉のためにエジプトに行ったとあります。その地で、アブラハムは妻サラに言うのですね。11節以降です。

アブラハムは信仰の父と言われます。そのアブラハムが、神の召命を受けた直後に失敗するのです。わたしたちも往々にしてあることです。神の恵みを受けた直後に失敗する。そういうことをわたしたちの信仰生涯で経験することです。どのような失敗でしょうか？

アブラハムの失敗は、嘘をついたということですね。見知らぬ他国に行き、そこの権力者である王が旅人であるアブラハム夫婦を見て、妻のサライを見初めた。夫であることがわかると、自分を殺して、妻をそばめにするかもしれない。そんな恐れを持ったのです。そこで、妻と言わずに、妹であると偽ったのです。自分を守るため、自己保身です。
それは妻サライを裏切ることになります。信仰者はいつも清い、正しいとは限らない。

よく解釈してもですね。当時は物騒な世の中だから、そんな嘘はよくあったことだといえないわけではありません。

後の時代になりますが、イスラエルの王であるダビデがバト・シェヴァを見初めて、その権力ゆえに自分のものにします。姦淫の罪を犯すのです。その結果、バト・シェヴァは妊娠したことが分かると、今度は夫ウリヤを殺害するのです。その故事を想い起させます。

アブラハムの失敗は、その罪をエジプトの王に負わせようとすることでもありました。自分のいのちを守るために、妻を人身御供にするようなものです。

聖書は、アブラハムの失敗、神への不信仰、世渡りゆえの自己保身を隠すことなく記しています。実は、創世記には今日の個所とよく似た個所があります。この後、アブラハムはゲラルという地においても、同じことをするのです。20章ですね。ゲラルの王アビメレクの時です。アブラハムは二度、妻を裏切り、騙したことになる。それは神への罪でもあります。

ところがアブラハムの息子のイサクも同じことをするのです。26章。ここにもゲラルの王アビメレクがいます。26章7節以降。

この出来事がアブラハムとイサクに3度あるということは、当時の時代の生き残る困難さ、少数民族の悲哀を感じさせます。

しかし、個人的にアブラハムもイサクも、思い出したら顔を赤らめるだろうと思いますね。恥ずかしくて……

「どうしてこんな嘘をついたのだろう……罪を犯したのだろう……？　なぜ、正々堂々と、正直に告白しなかったのか……と」

しかし、大切なことは、そこでも神の守りがあったということです。この出来事に神が介入されるのです。これが聖書の証言です。たとえ、嘘をついて、自己保身を図ったとしても、すべてを益にされるのが、神様の主権であるのです。神が介入される。

新約聖書　ルカ22・31～34――ペトロの失敗の記事があります。有名なところですね。

わたしたちは信仰生活を送っています。神を信じ、聖書を読み、祈る信仰生涯を送っているのです。神はわたしたちの罪を赦し、義としてくださっています。イエス様の十字架の大きな恵みと祝福が与えられているのです。しかし、時に、わたしたちは失敗を犯します。キリスト者のくせに、それでもクリスチャンか……？　そのように責められることをしてしまうことがあるかもしれません。穴があったら入りたい。赤面する。「神様、ごめんなさい」

そのように、涙を流して、悔い改めることもあろうかと思います。

聖書は、そのようなわたしたちであっても、なお神は信仰ゆえに、キリストの十字架のゆえにわたしたちを赦し、愛し、祝福を与えてくださっておられるということです。神の国、永遠のいのちを与えるという約束は、反故にはなさらないのです。

何を選んだか？（創世記13章1～18節）

旧約聖書のことを少し述べさせていただきます。わたしたちがデボーションなどで、日ごとに読んでいる聖書の最初は、創世記であります。創世記のテーマは、旧約聖書、新約聖書の全巻を貫いているテーマに満ち満ちています。しかも、そのテーマは一つではなく、複数あり、いわば縦糸と横糸のように織り成されて聖書を構成していると言っても過言ではありません。今日は、そのテーマのいくつかを紹介いたします。

まず、いのちです。天地創造の神は天地万物を創造され、動物と植物を創造されます。そして、創造の最後に人間を創造されました。それは、いのちですね。いのちは、神から来る。これが聖書の証言ですし、わたしたちの信仰であります。

そのいのちに関して、神はいのちのつながりを喜ばれます。いのちは、いのちからいのちへと受け継がれていくのです。親から子へ、子から孫へというように、いのちは断絶することなく、継がれているのです。

聖書の言葉は、「産めよ、増えよ、地に満ちよ」という神の祝福となります。新約においては、いのちと甦りということになります。永遠のいのちが最終のテーマとなります。

祝福が次のテーマです。これは大いにいのちと係わっています。いのちがつながることが神の祝福なのです。聖書の系譜、アブラハム、イサク、ヤコブは祝福の系譜でもあります。

「祝福を受け継ぐためにあなたがたは召されたのです。」（ペトロ一3章9節）

約束　神が祝福を与えるとの約束。これが契約という形で、はじめはアブラハム個人に、ついでアブラハムから発する子たちへ（イサク、ヤコブ）、そしてヤコブの子孫である部族に、つぎにイスラエルという民族に引き継がれていくようになります。
新約に生きるわたしたちにとっては、永遠のいのちを受けるとの約束。それはキリストの十字架と復活によって、成就するのです。

いのち、祝福、約束、次のテーマは本日の聖書にあります。それは、何でしょう。

「選び」です。

「選び」　神はアブラハムを選ばれます。選ばれたアブラハムは神に選ばれた者としての責任をもって、生きるのです。新約聖書は、「あなたがたがわたしを選んだのではない。わたしがあなたがたを選んだのだ」（ヨハネ15章16節）ですね。

選びと召命　申命記7章6～7節、これは是非覚えてください。大切な聖句です。

あなたは、あなたの神、主の聖なる民である。あなたの神、主は地の面にいるすべての民の中からあなたを選び、御自分の宝の民とされた。主が心引かれてあなたたちを選ばれたのは、あなたたちが他のどの民よりも数が多かったからではない。あなたたちは他のどの民よりも貧弱であった。

次に神の側からの御手に対する人間の応答があります。その応答は、信仰、従順であります。神の言葉への服従ですね。

この五つのテーマを横糸、縦糸として創世記および聖書全体は、構成されていると言っても過言ではないのです。その他にテーマを記すなら、罪です。

神の言葉に対する不従順、不信仰。これが罪であります。

さて、本日の聖書に戻りますが、神はアブラハムに対して12章に召命をされます。アブラハムは神の召しを受けて、旅立つのです。13章に来て、ネゲブ地方に戻ったとあります。

ネゲブは、12章9節にありますように、ネゲブを拠点に羊と牛などの群を飼い、その餌、家畜の食物である牧草を求めて移動する。それがアブラハムの生活でありました。羊飼いですね。天幕を拡げ、また、畳んでは移動する。イサク、ヤコブそしてダビデもまた羊飼いとして、移動生活を送っていたのです。羊のために牧草を求めて移動する。沢山の羊がいれば、競争となります。それがアブラハムと甥のロトとの競合となり、争いが生じることとなります。

5~7節――。

アブラムと共に旅をしていたロトもまた、羊や牛の群れを飼い、たくさんの天幕を持っていた。その土地は、彼らが一緒に住むには十分ではなかった。彼らの財産が多すぎたから、一緒に住むことができなかったのである。アブラムの家畜を飼う者たちと、ロトの家畜を飼う者たちとの間に争いが起きた。そのころ、その地方にはカナン人もペリジ人も住んでいた。

はじめは、一緒に生活していたアブラハムとロトですが、神の祝福の中で、一緒に住むことができなくなるほどに、財産が増えてきたのです。

その結果、アブラハムとロトは分かれることとなりました。

8〜9節——。

アブラムはロトに言った。「わたしたちは親類どうしだ。わたしとあなたの間ではもちろん、お互いの羊飼いの間でも争うのはやめよう。あなたの前には幾らでも土地があるのだから、ここで別れようではないか。あなたが左に行くなら、わたしは右に行こう。あなたが右に行くなら、わたしは左に行こう。」


ここでわたしたちは学ぶことがあります。時に、わたしたちは選択をするように迫られることがありますね。右か左か。どちらにするか？ そのような選択の連続がわたしたちの人生でもあります。

選び間違えたということも多々経験することです。

高校進学、大学進学、就職、結婚。人生において、右か左か。そのように選択する。選び分かつということがあるのです。

就職する会社。学生が面接に来る。面接官はどちらを選ぶか、迷うことがあります。

1　選びの基準はどこにあるのか？

いろいろなデータが揃っています。学校の成績。才能。趣味。よくできる。人柄、家柄がいい。こういうところで、人を選ぶことがありますね。わたしたちは、そういうことで選ばれているものです。結婚は、その最たるものです。「よくもこんなわたしを選んでくれたものだ。一生の不作」そのように受け止められたら大変ですね。

ロトは、どんな基準を持っていたでしょうか？

10～12節――。

ロトが目を上げて眺めると、ヨルダン川流域の低地一帯は、主がソドムとゴモラを滅ぼす前であったので、ツォアルに至るまで、主の園のように、エジプトの国のように、見渡すかぎりよく潤っていた。ロトはヨルダン川流域の低地一帯を選んで、東へ移って行った。こうして彼らは、左右に別れた。アブラムはカナン地方に住み、ロトは低地の町々に住んだが、彼はソドムまで天幕を移した。

ロトは、よく潤った土地を選んだのです。当然ですね。みすみす悪いほうを選ばない。よい方を取る。主の園のように、エジプトの国のように潤っていたのです。主の園とは、エデンの園ですね。エジプトはあのエジプト文明を生んだ豊沃な地です。しかし、聖書は付け加えます。13節――。

ソドムの住民は邪悪で、主に対して多くの罪を犯していた。

見た目の華やかさに、その毒に気づかずに選ぶことがあるものです。そこに未熟さがあります。人間においても、そのことがいえます。

ダビデを選ばれた神、「容姿や背の高さに目を向けるな。わたしは彼を退ける。人間が見るようには見ない。人は目に映ることを見るが、主は心によって見る」（サムエル記上16・7）

2　選ばれた者の選び

アブラハムは先に選ぶ権利を甥のロトに譲りました。年長のアブラハムこそが優先権があるのですが、その権利を行使しなかったのです。神に選ばれた人は、そのようなところがあります。自己主張しない。自己の利益を主張しない。むしろ、損をするようなことになっても、黙している。（しかし、失敗もある。ハガルの例）

そこには神の約束を待つという信仰があるのですね。たとえ損失であったとしても、がつがつしない。忍耐して神の時を待つ。

争わない。相手を立てる。そのような謙遜さを神は見ておられる。ほかの人間も見ている。人間の高潔さ、純粋さ、ひたむきさ。美しさ。潔さ。それが、こういう選択において現れるのですね。

「損をした」、「貧乏くじを引いた」と呟くことも自分を哀れむこともないのです。自己憐憫は高潔な魂にとってありえないものです。

損をしても、神は必ず報いてくださる。これが信仰です。残り物に福があるという言葉がありますよね。神の法則は、信仰と従順のあるところは、マイナスの道であっても栄があるのです。それを益に変えてくださる。これが神の真実です。それを経験することに信仰の醍醐味があります。当たりくじばかり引こうと思う人は、およそこの信仰のよろこびを知らない。むしろ損をする。

3　祝福といのちの道を選ぶ

選ぶべきものは、祝福といのちの道です。そこに問われるのは、何を捨てるかということ？　13節。ソドムの住民は邪悪で、主に対して多くの罪を犯していた。

どんなに見た目は華やかで、潤っていても、そこに悪と罪があれば、破滅です。見た目は、不毛で荒れているように見えても、そこに神がおられる時、そこは御国です。神の国の平安といのちがあります。神なしに栄えても、そこは地獄です。

何を選ぶかということは、何を捨てるかということに尽きるのではないでしょうか。

イエス様の言葉
　マルコ8章34～36節――。
「わたしの後に従いたい者は、自分を捨て、自分の十字架を背負って、わたしに従いなさい。自分の命を救いたいと思う者は、それを失うが、わたしのため、また福音のために命を失う者は、それを救うのである。人は、たとえ全世界を手に入れても、自分の命を失ったら、何の得があろうか。」

アブラハムがまずしたことを、聖書（創世記）は記しています。

そこは、彼が最初に祭壇を築いて、主の御名を呼んだ場所であった。（13章4節）

アブラムは天幕を移し、ヘブロンにあるマムレの樫の木のところに来て住み、そこに主のために祭壇を築いた。（13章18節）

祭壇を築いた。これは礼拝行為です。まず何よりも神を礼拝する。聖書の言葉に聴き、祈りと賛美をして神を拝する。ここにアブラハムの祝福の源があります。祈りとみ言葉に聴き、従う。そこからはじめること。神は何を選ぶべきか、教えてくださるのです。

祈って神の声を聴く。選択に迷ったら、まず祈りましょう。み言葉が示されることを祈りましょう。神の選択に委ねるのです。

お母さん、子どもにご馳走を準備します。自分は食べないで、子どものお腹を満たすことに喜びを持つものです。昔かたぎの親はそうでした。イエス様は、それ以上にわたしたちのためにご自身を犠牲にされました。わたしたちが生きるために、ご自身を献げられたのです。ご自身を捨てて、わたしたちを生きるようにされたのです。それがイエス様の選択でした。

讃美歌332番。

主はいのちを　あたえませり、
主は血しおを　ながしませり。
その死によりてぞ　われは生きぬ
われ何をなして　主にむくいし。

そのような信仰をもって、主に従い、まことの命、祝福をいただきたいものです。祈ります。

祝福を受ける（創世記14章1〜24節）

アブラハムが生きた時代は、紀元前1700年あるいは1600年頃であると考えられています。歴史がまだ動く前の時代です。その頃、中東では聖書にあるように国々には王がいて、勢力争いをしていたようです。

小国の王たちがそれぞれ同盟をして戦争をしていたのですが、アブラハムの甥ロトが巻き込まれてしまいます。12節にあるように、ロトは財産もろともに連れ去られてしまうのです。

そのことを知ったアブラハムは、訓練を受けた者318人を召集して、奪い返したのですね。相手は、同盟国の王たちです。

1　戦う人アブラハムの姿

13節からの段落では、戦うアブラハムの姿があります。身内のためにいのちがけで戦い、救出します。16節にあるとおりです。

アブラムはすべての財産を取り返し、親族のロトとその財産、女たちやそのほかの人々も取り戻した。

しかし、12章10節以下では自分のいのち（それは保身ですが）のために妻を売るという欺瞞を行っています。エジプトの王を恐れて嘘を言うのです。矛盾を感じますね。人間のエゴです。アブラハムもそういう一面を持っているのです。

2011年3月11日、東北太平洋沖で巨大な地震がありました。マグニチュード9・0大津波による被害は想像を超えています。何もかもが破壊されました。

そんな中で、テレビは親族、身内の人を捜し求める姿を映し出しています。大震災、大津波で家が壊れても、家族がいる。それが救いでもあります。家族を捜し求める。夫、妻、子供、孫、父、母を捜し求めるのです。

地震は家族が一つになり、家族の絆の深さ・強さを改めて知らされました。

わたしたちは、時に戦うことが必要になります。誰のために戦うか？　何にために戦うか？　真理と自由、そして家族のために。シリア、中東の難民は家族のために国を出ます。

2　祝福を受けるアブラハムの姿

アブラハムは甥のロトを救出しました。メルキゼデクという王であり、祭司がアブラハムを迎えます。メルキゼデクはアブラハムを祝福します。19、20節――。

彼はアブラムを祝福して言った。
「天地の造り主、いと高き神に
アブラムは祝福されますように。
敵をあなたの手に渡された
いと高き神がたたえられますように。」
アブラムはすべての物の十分の一を彼に贈った。

アブラハムはメルキゼデクに十分の一を献げます。
ヘブライ人の手紙7章には、メルキゼデクとイエス様との対比が記されています。

イエス・キリストの予型とされているのです。

大津波による甚大な被害にもかかわらず、世界のニュースは驚きました。略奪がないのです。他国では、こう機会に暴力で食料や物資を奪う人たちが出てくるのですね。アメリカのハリケーン、東南アジア、アフリカ、中国などで民衆がこん棒をもって、店を襲い、略奪する。しかし、日本人は暴徒はいない。紳士的、秩序正しい。

3　祝福、恵みを慕い求める信仰

アブラハムは勝利しても、自分のために獲物を獲得するのをよしとしません。むしろ、十分の一を献げるのです。そこに、祝福を求めるアブラハムの姿があります。

2014年4月、わたし（潮）は仙台青葉荘教会の牧師として赴任しました。翌年、教会懇談会でヴィジョンを分かち合いました。標語は、「生きるとはキリスト、キリストにある喜び」です。キリストにある喜びとは何か？　礼拝の喜びだと思うのですね。教会の礼拝。それが喜びです。

ホーリネスの群の共同セミナーが11月はじめに行われました。結成70周年を記念したセミナーでした。そこに、来賓の日本基督教団議長が来られ、お祝いをいただきました。毎年、東京聖書学校の卒業式に出席されるのです。一昨年の卒業式の時、こういう祝辞をしました。よく覚えています。ご紹介いたします。

神学校を卒業したばかりのころ、小さな教会に伝道師として赴任するのですね。神学校の教師は、石橋先生を派遣するに際して、「君の赴任する教会は、吹けば飛ぶような教会だ。閉鎖するのも時間の問題かもしれないが、まあ頑張ってくれ」

そんな意味のことを言ったというのです。そこには、役員がいました。小さな塾を経営している兄弟です。彼は礼拝が喜びだといつも言っていたというのです。塾に来ている子どもたちを教会に誘う。「教会は楽しいよ」。

あるとき、礼拝に来ました。自転車に乗って、「30分かかった」というのです。通常なら、歩いても5分で来れるところに住んでいる。自転車に寄りかかるようにして、とぼとぼと30分かけて来たと言うのです。自転車が自分のからだを支える補助機代わりに来たのです。

見れば、足がぱんぱんに腫れている。病気なのです。そこまでして、教会に来た。礼拝が終わり、やはり30分かかって帰るのです。

その兄弟は三日後に亡くなった。

そういう話をされました。

教会はこういう教会員に支えられてきた。どこの教会にもそういう兄弟姉妹はいるのですね。今もすべての教会は、そういう兄弟、姉妹で支えられている。

雨が降っても、嵐が来ても、地震、津波が襲っても、日曜日になると礼拝に来る。教会が大好き、礼拝が大事。聖徒ですね。

どんな説教が語られようとも、未熟な牧師の説教であっても、聖書の言葉が読まれ、祈りが献げられ、神を礼拝する友がいる。そこが教会です。

そこに愛と人生をかけている。そこに神の国の豊かさ、希望があります。

先週は佐藤義人兄が神様の御許に召されました。91歳でした。お父様は、佐藤福雄先生、お母さんは、はる先生。福雄先生は、沼田広次兄（仙台青葉荘教会の創立時の役員）の影響で洗礼を受けられました。仙台青葉荘教会の青年会の会長を5年間して献身、伝道者、牧師となられました。戦前のホーリネス教会です。各地を転戦、教会を建て上げ、1942年6月にホーリネス教会への弾圧があり、2年間刑務所に入れられました。義人兄は8人兄弟の長男として、お母さんと一緒に家族を養う。そういう責任を負われました。18歳から20歳のころです。福雄先生、はる先生の信仰と祈りの中で、義人兄、次男の弘兄、長女栄子姉が洗礼を受けられ、4男の朝雄先生は牧師となられています。

いのちを吹き込み、養われたのは、神です。もちろん、苦労して働き、家族を支え、家庭を形成されたのは、本人です。しかし、背後に神の恵みと祝福がある。これがキリスト教の信仰なのです。佐藤家はその信仰を原点とされてきたのです。

アブラハムを祝福された神は、神の言葉を信じ、従う者に大きな祝福を与えられるのです。そして、信仰者はますます、神の祝福を追い求めていく。

神の祝福を追い求めて、教会が楽しくて仕方ない。その思いで、教会につながっていただきたいと願います。

契約（創世記15章1～6節）

1　待つこと

わたしたちは時に、神は祈りを聞いてくださらないのか。そう感じることがあるのではないでしょうか。失望し、諦めることがあります。まさに、見捨てられたという寂しさです。

わたしたちは信仰をもって祈ります。そして祈ったことのきかれることを待つ。忍耐すること。静まって、神の時が来るのを待つこと。しかし、我慢できなくて、神の時よりも自分の時を優先することがあるのです。

創世記15章では、子がないアブラハムに神は子孫を与えることを約束されます。その子孫が地を受け継ぐという約束です。

1節——。

これらのことの後で、主の言葉が幻の中でアブラムに臨んだ。「恐れるな、アブラムよ。わたしはあなたの盾である。あなたの受ける報いは非常に大きいであろう。」

アブラハムは「はい、ありがとうございます。感謝です」そう言わないのです。3節。

アブラムは言葉をついだ。「御覧のとおり、あなたはわたしに子孫を与えてくださいませんでしたから、家の僕《しもべ》が跡を継ぐことになっています。」

「あなたが子どもをくださらないので、家のしもべが跡継ぎですよ。」

そんな調子です。こうも言えます。

「ちっとも約束、実現しないじゃありませんか？ あなたの言葉でカルデアのハランからはるばる旅してきたのに、いつになったら子どもをくださるのですか？」

結構、投げやりな調子ですね。これには、12章を読み返してみるとよく理解できます。つまり、12章1節からですね。お読みします。

主はアブラムに言われた。「あなたは生まれ故郷／父の家を離れて／わたしが示す地に行きなさい。わたしはあなたを大いなる国民にし／あなたを祝福し、あなたの名を高める／祝福の源となるように。あなたを祝福する人をわたしは祝福し／あなたを呪う者をわたしは呪う。地上の氏族はすべて／あなたによって祝福に入る。」

アブラムは、主の言葉に従って旅立った。ロトも共に行った。アブラムは、ハランを出発したとき七十五歳であった。

75歳で故郷を離れ、父の家を離れ、神が示す地に旅立ったのです。

そして、13章、14章がありました。この15章に来て、神は再度アブラハムに現れて語られるのです。

12章と15章の間に、どれくらいの年が経ったことでしょう。16章36節には86歳とあります。子どもがいないアブラハムが、神の約束を待ちきれないで、女奴隷ハガルによってイシュマエルを生ませるのです。これは、アブラハムの子どもです。しかし、神の約束は、イシュマエルではありません。正妻であるサラによって生まれる子が神の約束なのですね。

神の約束、それはアブラハムに土地を与えるということと、アブラハムの子孫が空の星のように増えていく。これが神の約束であります。

アブラハムは、実は神に対して不満を言っているように思います。神の言葉に対する不信感という大それたことではなくても、一種の抗議であると思います。神に反抗するという思いではなく、神と直談判するような形で、神の言葉に自分の意見や考えを言っているのだと思うのです。交渉ですね。ネゴシエーションです。

2 神と語る、神に祈る。人格的交わりということ

神との対話は、一方的に聞くだけではないと思います。親子、夫婦、会社の人間関係においても、とくに上司と部下という関係であったとしても、すべてイエスマン「はい、かしこまりました。仰せのとおりいたします」ではないのですね。わたしたちは、神と人格的な交わりを持っているのです。それは対話、語り合う関係です。

神はアブラハムに対して、「わが友」と語りかけるところがあります。神と友だち関係となる。畏

れ多いかもしれませんが、これが神を信じることの醍醐味、喜びではないでしょうか。一方的に、「おれに従え」では、人格関係は築けません。話を聞き、そして語るのです。

神学校　教師と学生の関係はどうでしょうか。あるいは、教会で教会員である皆さんと牧師との関係はいかがでしょうか。

イエス様とカナンの女の対話は趣がありますね。娘が悪霊に苦しめられています。イエス様に必死にいやしを乞い求めます。しかし、イエス様の言葉はそっけないものがあります。「子どもたちのパンを小犬にやってはいけない。」まったく相手にされないのです。カナン人はユダヤ人にとって異邦人であり、差別されていたのです。「小犬」の表現はそのことを言っています。しかし、カナンの女の言葉は「主よ、ごもっともです。しかし、小犬も主人の食卓から落ちるパン屑はいただくのです」（マタイ15章21～28節）

イエス様は喜ばれますね。

執拗な祈り、追いすがる祈り、こういう粘り強さが大切ですね。そういう形で、神と人格的に強く結びつくことが大切です。

3　契約

4〜6節。

見よ、主の言葉があった。「その者があなたの跡を継ぐのではなく、あなたから生まれる者が跡を継ぐ。」

主は彼を外に連れ出して言われた。「天を仰いで、星を数えることができるなら、数えてみるがよい。」そして言われた。「あなたの子孫はこのようになる。」

アブラムは主を信じた。主はそれを彼の義と認められた。


このアブラハムの義と認められた出来事から約1600年後、新約聖書、ローマの信徒への手紙4章で、パウロがアブラハムを評価します。それは、行いによる義ではなく、信仰によって義とされるのだという例証のためです。

神の恵みは、約束という言葉で表現されます。約束は実現するのです。その約束を信じる。信頼する。「もう、何をいってても信頼します。あなたに従っていきます」。そんな決意の表れですね。これがわたしたちの信仰となると、信仰に力が与えられるのです。

アブラハムは、神の約束を信じました。それゆえに、信仰の父となったのです。

ヘブライ語では、契約という言葉はベリートと申します。

ここに記されているように動物を裂いて二つにし、血を流すことを言います。約束を違えたら、このようにからだが裂かれる。血が流れる。まさに命をかけた約束なのです。それが契約です。その実を示す。

神はまさにそのようにアブラハムと契約をされたのです。それは、神の決意です。アブラハムがある面、「いのちをかけて従っていきます。信頼します。」そのように神を信じた。神は、神のほうでアブラハムの信仰を受け入れられたのです。それが神の決意として契約をされたのです。本来だと、神ですから、その必要はないのです。「黙ってついてくればいいのだ。時がくれば、必ず実現するよ」といえば、それで済むのです。しかし、そうされなかった。契約をされたのです。

17節——。

日が沈み、暗闇に覆われたころ、突然、煙を吐く炉と燃える松明が二つに裂かれた動物の間を通り過ぎた。

契約は、二つに裂いた動物の間を通り過ぎることで契約を結ぶことが成立するのです。神は、ご自身から締結されたのですね。

神の決意と申しました。それはアブラハムを義とされた神が、その義の証しとしてアブラハムに示された、神のほうからの恵みです。恩寵です。

つまり、血を流すことによって、神の義を証しされるということです。

教会の暦、教会暦では3月1日からレントに入ります。主イエス様の受難節ですね。今日の創世記から言えば、十字架は、神が一方的に約束される契約です。イエス様は神の小羊として、契約として引き裂かれるのです。聖餐式で「これはわたしたちのために裂かれた主イエス・キリストの身体です。あなたのために主がいのちを捨てられたことを憶え、感謝をもってこれを受け、信仰をもって心のうちにキリストを味わうべきであります」との勧めがあります。裂かれた小羊であるイエス様のおからだをいただくのです。そして、キリストの十字架の血によって、神を信じる者を義とされるのです。

神の決意は、アブラハムを義とされた神が時空を超えて、ご自身が肉をとって人となられ、十字架の血を流すことで義とされる決意なのです。

わたしたちは、キリストを信じること。キリストの十字架がわたしを義とされることを信じるのです。それを告白し、感謝するのです。

アブラハムが義とされても、その子孫が約束の地を得たのは、400年後です。出エジプトの出来事を見なければなりませんでした。そこでも、神の小羊の血を流し、鴨居に血を塗ることで、その血が塗られている家は、救いにあずかるのです。ここにも、神の小羊であるイエス様が現れています。

そして、ヨハネ福音書8章56節――。

あなたたちの父アブラハムは、わたしの日を見るのを楽しみにしていた。そして、それを見て、喜んだのである。

今、アブラハムの子孫は、わたしたちです。イエス・キリストを信じる者がアブラハムの子でありま す。わたしたちは、神の約束の地を受け継ぐものなのです。

今日の説教を準備しているときに与えられたインスピレーションがあります。東日本大震災、福島原発の失われた土地。その復旧と回復もまた、神の約束であるということ。神はキリスト者を通し、神の恵みの義を現してくださると信じます。

祈ります。

二人の女性――サライとハガル（創世記16章1～16節）

「戦後強くなったのは、靴下と女性」という言葉がありました。「ストッキングと女性」とも言います。戦後、技術の向上で、破れやすかった靴下やストッキングが強くなり、耐久性が上がりました。そして、戦後、民主主義教育のお蔭で女性にもさまざまな権利が認められ、封建時代や、戦前、戦中のように女性が大人しく家の奥に収まっている事もなくなってきた。男女同権が定着したように思います。むしろ、女性の力は男性を上回っている。ですから、この言葉はもうすでに、廃語もしくは死語になった感があります。

しかし、アメリカやヨーロッパから日本の男女問題を見ると、必ずしも男女同権が進んでいるとは言えないようです。国会議員や大企業における取締役の女性の占める割合は極端に少ないといわれます。大学生の就活（就職活動）でも、女性は悲哀を感じているとの報道があります。

しかし、アジア諸国に比べるとまだ日本の男女同権は進んでいると考えられます。イスラムでは、ほとんどといっても女性の権利は認められません。

本日の聖書、創世記16章ですが、男女とくに女性の生き方とあり方の問題が一人の男性アブラハムと神とのかかわりの中で記されています。

二人の女性が登場します。サライとハガルです。15章で、神はアブラハムに子孫の繁栄と土地を与えるとの約束をされます。

4~6節――。

見よ、主の言葉があった。「その者があなたの跡を継ぐのではなく、あなたから生まれる者が跡を継ぐ。」主は彼を外に連れ出して言われた。「天を仰いで、星を数えることができるなら、数えてみるがよい。」そして言われた。「あなたの子孫はこのようになる。」アブラムは主を信じた。主はそれを彼の義と認められた。

ここは信仰義認のところです。そして、アブラハムは神の約束を信じ、約束が実行されるのをひたすら待つのです。しかし、待てども、待てども約束が果たされない。最初にしびれをきたらせたのがアブラハムの妻サライです。

1　サラの苦悩と痛み

16章1～2節――。
アブラムの妻サライには、子供が生まれなかった。彼女には、ハガルというエジプト人の女奴隷がいた。サライはアブラムに言った。「主はわたしに子供を授けてくださいません。どうぞ、わたしの女奴隷のところに入ってください。わたしは彼女によって、子供を与えられるかもしれません。」アブラムは、サライの願いを聞き入れた。

子どもがいない妻は屈辱を味合わされていました。そして、激しい劣等感を持っていたのです。サライは3600年前に生きた女性です。しかし、現代においても、サライはいます。子どもを産めない、与えられなくて苦しむ夫婦を幾組か知っています。女性の責任でなく、男性の問題がある。そのことを存じています。人に言えない苦しみ、痛みがあることです。
聖書に子どもがいないことで苛まれ、苦しむ女性が多く登場します。いわゆる不生女（石女）として差別されていました。

聖書には、子どもを産めない女性が多く登場します。サライ、ラケル、サムエルの母ハンナ、新約聖書にはバプテスマのヨハネの母エリサベトは高齢出産です。その対極としてイエス様の母マリアがいるのです。

聖書の証言は、いのちは神にある。いのちの源は神にあり、子どもは神によって与えられるということです。

子どもの存在は女性が社会の中で居場所を確保するということです。子どもが産めないために結婚を諦めることもあります。前任の教会で、結婚後に病気をして子どもを産めない身体となり、離婚された女性がいました。また、仲のよい夫婦で子供がいなくても互いを高めあい、豊かな人生を送っているペアを幾組も知っています。男と女が互いを見つめあい、寄り添って一緒に人生を歩む。そこに人間としての尊厳があり、愛があるのです。

サライは子どもがいないために苦しんでいる女性です。ハガルはエジプトの女でサライの奴隷です。弱者です。ある面、お互いに慰めあう存在ではなかったかと推察します。しかし、子どものことでサライは決断します。自分の女奴隷ハガルを夫アブラハムに側女として差し出すのです。二重の意味で苦しみです。

先ほどお読みした通りです。

アブラハムはサライの申し出を受け入れます。

アブラムは、サライの願いを聞き入れた。アブラムの妻サライは、エジプト人の女奴隷ハガルを連れて来て、夫アブラムの側女とした。アブラムがカナン地方に住んでから、十年後のことであった。アブラムはハガルのところに入り、彼女は身ごもった。ところが、自分が身ごもったのを知ると、彼女は女主人を軽んじた。（2後半〜4節）

なぜ、アブラハムはサライの申し出を拒まなかったのでしょうか？　こう言えたはずです。

「そうではない。サライよ。神はお前を通してわたしに子孫を与えると言われたのだ。神の約束は真実なのだ。神は必ずお前を祝福し、お前を通して子を与えてくださる。それまで共に神を信じ、祈って待とうではないか。」

そこにこそアブラハムの信仰があるのではないでしょうか。しかし、アブラハムはそうしなかった。アブラハムはサライの苦悩をなんら察することなく、「待ってました……」とばかりに、妻サライの申し出をただちに受け入れ、ハガルと床を共にし、子どもをもうけるのです。

聖書の記述は、あまりに残酷です。10年間待ったのに子どもができなかったサラ、しかし、おそらく一夜の床で子どもができたハガル。この差は何でしょうか？　子どもができたことで、女奴隷ハガルは子どもができない女主人サライを見下すようになります。女の争いです。

4節――。

アブラムはハガルのところに入り、彼女は身ごもった。ところが、自分が身ごもったのを知ると、彼女は女主人を軽んじた。

サライの苦悩、孤立感は深まるばかりです。ハガルを通して子どもが与えられたことでアブラハムは喜びの絶頂にいたかもしれません。男としての自信を強めたかもしれません。

しかし、それはサライを絶望に浸らせるものです。

サライは夫アブラハムに訴えます。5節以下――。

サライはアブラムに言った。「わたしが不当な目に遭ったのは、あなたのせいです。女奴隷をあなたのふところに与えたのはわたしなのに、彼女は自分が身ごもったのを知ると、わたしを軽んじるようになりました。主がわたしとあなたとの間を裁かれますように。」

アブラムはサライに答えた。「あなたの女奴隷はあなたのものだ。好きなようにするがいい。」サライは彼女につらく当たったので、彼女はサライのもとから逃げた。

アブラハムは調子のいい男として描かれています。無責任というか、今度は妻サライを恐れるのです。女の争いに巻き込まれないようにと逃げたのです。

サライはハガルにつらく当たりました。虐待という意味ですね。奴隷ですから、主人は言葉で、しぐさで虐待する。サライの苦悩は深まるばかりでしょう。自分がこの女を夫に与えたのに、今度は自分がこの女を苦しめている。

女の争いをサライは自覚したでしょうか？　サライはハガルの出産を喜べなかった。夫アブラハムと喜びを共にできなかった。

人間の欲の深さ、罪を聖書は示しています。東洋的な言葉でいえば、業の深さですね。

2　約束を待つということ

神の約束を待ちきれない人間が勝手に行うわざ。神のみこころ、神の計画をそっちのけにし、人間の計画や思い、野望を優先するのがわたしたちです。アブラハムもサライもそうでした。神の言葉、神の約束を待ちきれなかったのです。その結果、ハガルを傷つけ、ハガルの生涯をアブラハムとサライは恣意的にしたのでした。横暴です。

しかし、人間の不信仰、勇み足にもかかわらず、神はご自身の計画とみこころを変更されない。これが聖書です。アブラハムとサライの失敗にも拘らず、神は約束の子の誕生を計画しておられる。16、17、18章と道草をたどりながら、21章のイサク誕生に向けて、聖書は進みます。神のご計画は実現するのです。

あなたはそれを信じるか。それを待てるか。

勝手に行動しても、神は補ってくださる。人の失敗を補填される。ここに神の恵みと愛があるのです。

サライの虐待の手を逃れたハガルに対して、神は現れ、ハガルを守ることを約束されます。

13節――。

ハガルは自分に語りかけた主の御名を呼んで、「あなたこそエル・ロイ（わたしを顧みられる神）です」と言った。それは、彼女が、「神がわたしを顧みられた後もなお、わたしはここで見続けていたではないか」と言ったからである。

ハガルに子どもが生まれます。その子はイシュマエル（「主は聞き入れられる」の意）と名付けられます。その子を神は祝福されるのです。イスラエルではイシュマエルはアラブ人の先祖とみなされています。

パウロは、ガラテヤ書でイシュマエルは女奴隷ハガルの子として律法にたとえています。約束によって生まれたイサクは、自由の女の子としています。その約束はキリストを通して、キリストを信じるわたしたちにまことの自由と恵みの子としているのです。

人間の思いを超えて、すなわち人知を超えて、神のみこころは成就するのです。

諸国民の父（創世記17章1～16節）

信仰生活で困難なことがあります。それは、待つということです。創世記15章での説教でも同じことを申しました。昔、松戸市に「すぐやる課」という行政の目玉がありました。行政の対応は、遅い。市民の要望をなかなか聞かない。そんな苛立ちを市民は持っていたものです。それが、「すぐやる課」という行政の課を設置した。ニュースや新聞で報道されたものです。雨後の筍のように、地方公共団体でこの「すぐやる課」が設置されました。

いまもあるのか、とインターネットで検索しますと、ありました。「すぐやる課」は、昭和44年（1969年）10月6日に発足というのですから、すごいですね。ほぼ50年以上前のことです。うたい文句は、「すぐやらなければならないもので、すぐやり得るものは、すぐにやります」という、「すぐやる課」の設立にあたって当時の市長が唱えた精神に沿い、市民の皆さんからの多くの要望を処理してきましたというのです。

信仰の世界で、この「すぐやる課」のようなものがあると、どうでしょうか？

教会員の病気、事故などは、すぐに牧師は出向いて、祈るという牧会のつとめがあります。

これは、教会員と牧師のことですが、信仰というのは、神と信仰者の関係でもあります。


わたしたちは、神を信じ、礼拝をもちます。神を信じる者が公同の教会で、神を礼拝する。これがわたしたちの信仰告白であります。そして、神は恵みをわたしたちに注ぎ、愛と力、祝福を約束されるのです。


そこで、考えられるのが、神の祝福の約束。それを別の言葉でいうと、契約ですね。

神への信仰、神の祝福の約束。これが契約です。

神を信じている。そして、契約した。しかし、神の約束は遅い。祝福を約束しながら、なかなか実行されない。神の約束はどうなったのか？ 神は、忘れられたのか？ どこに行かれたのか？ そんな懐疑、疑いを持つことがあります。

アブラハムの信仰の生涯をたどっていますが、12章から始まるアブラハム物語は、まさに、神の約束と人間アブラハムとの待ち望みの物語でもあるのです。

1　祝福の約束に基づく契約

12章、15章、この17章と3度、神はあらわれ、アブラハムに声をかけられます。何を語られたのか？　祝福です。ベラーカー。12章では75歳、16章では、86歳、この17章ではアブラハムは、99歳です。実に、アブラハムは神の促しを受けて、旅に出、神の祝福を受けるとの約束を受けてから、24年の歳月が経っているのです。その間、アブラハムは待ちきれないで、妻の女奴隷であるハガルを側女《そばめ》として、子どもを持ちます。イシュマエルです。その子が13歳になっても、なおサラには、子どもができない。諦めが定着している。もう、サラには子どもが生まれないだろう。そう、思った矢先に、神は3度目に現れて、アブラハムに語られるのです。

信仰とは待つことにつきる。そういっても過言ではない。諦めないで待つ。忍耐して待つ。神の約束を待つのです。

17章1節以下――。

アブラムが九十九歳になったとき、主はアブラムに現れて言われた。「わたしは全能の神である。あなたはわたしに従って歩み、全き者となりなさい。わたしは、あなたとの間にわたしの契約を立て、あなたをますます増やすであろう」

この神の言葉は、今までになく長いものです。普段は、寡黙な神ですが、アブラハムに多くのことを語られます。

まず、契約の言葉です。そして、アブラハムの子孫と財産を増やすという約束です。

そして4~5節――。

これがあなたと結ぶわたしの契約である。あなたは多くの国民の父となる。あなたは、もはやアブラムではなく、アブラハムと名乗りなさい。あなたを多くの国民の父とするからである。

次に、アブラハムに語られるのは、名前を変えるということです。アブラムからアブラハムに変えるように命じられます。アブラムとは、「父は高められる」「高祖」という意味です。アブラハムは、文字通り「多くの国民の父」「諸国民の父」です。

そして、妻のサライがサラに変わる。そのことを語られるのです。

15〜16節——。

神はアブラハムに言われた。「あなたの妻サライは、名前をサライではなく、サラと呼びなさい。わたしは彼女を祝福し、彼女によってあなたに男の子を与えよう。わたしは彼女を祝福し、諸国民の母とする。諸民族の王となる者たちが彼女から出る」

サライは、徒労、無駄という意味があるといわれます。サラは、皇女という意味です。

こうして、アブラハムは、99歳になり、サラは89歳になって神は直接介入されることを約束されるのです。長い、長い、24年ということになります。

そして、再度、契約の言葉を口にされます。そして、神の求められることは割礼です。9〜14節です。

2　名前を変える

神がご自身の計画を実行するという意志の表現といえます。先ほども、申しました。アブラムからアブラハムに、アブラムとは、「父は高められる」「高祖」という意味です。アブラハムは、文字通り「多くの国民の父」「諸国民の父」です。

そして、妻のサライがサラに変わる。

クリスチャン・ネームというのがありますね。洗礼名です。カトリックと聖公会は、洗礼の時にクリスチャン・ネームをもらいます。親からもらった命、神を信じた時にいただく、霊のいのちです。以前、洗礼を授けた若者から、洗礼の名前をくださいと言われたことがあります。カトリック教会は、洗礼名を与えるけど、プロテスタントには、その習慣はないのだよと言うと、彼はがっかりしました。

昨年特別伝道礼拝に来ていただいた高橋富三先生（酒田キリスト教会牧師）の教会では、クリスチャン・ネームをつけると言われましたね。目標を持つためには有用だとのことでした。

わたしは、小説を書いていた時期があり、その時はペンネームを持っていました。神との劇的な出会い、人生の転機、その時に、神は名前を変えるようにされる。そういうこともあるのだと思います。

3　割礼

神は、契約のしるしとして割礼を命じられます。割礼は、イスラエルだけでなく、エジプトやエドム、アンモン、モアブ、エチオピア、アラビアで行われていた習慣であったと言われます。なぜ、割礼か？　衛生上のこととか宗教上のこととの説があります。この割礼は、イスラエルの律法となり、代々ユダヤ人によって守られてきました。イエス様も8日目に割礼を受けられています。割礼は、ユダヤ人の象徴となっています。

この割礼は、大人になるしるしとしてなされたとの説があります。日本では、元服ですね。大人として認められる。成人となるための儀式です。もともとは、烏帽子のような冠を被ることから、武士の世界では、月代《さかやき》という前髪を剃る。そして、幼名を廃して、諱《いみな》にする。名前を変えるのですね。

この割礼の命令を受けて、アブラハムはじめイシュマエル、一族郎党が割礼を受けるのです。ここで、注意したいのが、この神の言葉に対して、アブラハムが笑ったということです。

17節――。

アブラハムはひれ伏した。しかし笑って、ひそかに言った。「百歳の男に子供が生まれるだろうか。九十歳のサラに子供が産めるだろうか。」

この笑いの意味は何でしょうか？　神の言葉に対する驚き、歓喜の笑いという意味もあり、反対に冷笑ととることもできます。神の約束の幻滅、失望の結果ですね。のちに、サラもまた、笑います。笑いから、イサク（＝笑う）が生まれるのです。

割礼には、二つの意味があります。

一つは、割礼によって、神の民となること。神のしもべ、神の所有物であることをあらわすのです。牛には、焼き印が押されます。どこの牧場の所有か一目でわかるのです。

二つ目が、それによって神に帰依している。忠実に従うことのしるしなのです。身も心もすべてが神のものとして、信仰を現し、従うことのしるしです。

割礼は、神が命じられたものです。律法として、代々守られてきました。これは先ほども申しましたように、ユダヤ人の慣習であり、掟であります。新約時代になり、教会が誕生してからも、この割礼と律法は生きていました。しかし、ユダヤ人でない人たちがイエス様を信じ、神を信じた時、割礼をどうするかということで、教会が分裂状態になりました。使徒言行録15章で、割礼の習慣がない民族には強制しないということになりました。

教会は、むしろ割礼というよりは、洗礼を大切にするようになったのです。しかし、洗礼自体は、聖書に、受けなければならないという掟はありません。しかし、イエス様ご自身が洗礼を受けられたことにより、また、初代教会がイエス様を信じた人が洗礼を受けることによってキリスト者となったように、教会は洗礼を義務付けたのです。

しかし、割礼の歴史も洗礼の歴史も形式的になったことは事実です。形骸化と申しますか、信仰の内容がなくても、形だけで割礼、洗礼もあるのです。

旧約聖書は、そのことを痛烈に批判しています。むしろ、そこから肉体を傷つける割礼ではなく、心の割礼として、こころの中心、霊において割礼をうけるという象徴的な言葉が生まれました。

出エジプト記10章16節「心の包皮を切り捨てよ。二度とかたくなになってはならない」。

エレミヤ書4章4節「あなたたちの心の包皮を取り去れ」、
同9章25節「心に割礼のないイスラエルの家を　すべて罰する」

ローマ書2章29節「内面がユダヤ人である者こそユダヤ人であり、文字ではなく〝霊〟によって心に施された割礼こそ割礼なのです。その誉れは人からではなく、神から来るのです」


心の割礼、これこそが神が求められる割礼なのです。形だけの信仰者ではない。心の深みまでもきよめられ、神のものとされる信仰者の姿を神は求められるのです。


先ほど、割礼の意味を申しました。洗礼も同じです。肉体だけでなく、身も心も神のものという信仰。これが霊的な礼拝です。礼拝には、献げものが必要なのです。いけにえです。神の受け入れられるいけにえは、霊的な献げもの。心砕かれ、悔いくずおれる魂です。

自分を良しとするのではないのです。自己正当化ではなく、神の前で悔い改める。

割礼に、心の割礼という言葉が預言者によってなされたように、洗礼も水の洗礼から聖霊による洗礼（バプテスマ）と語られるようになりました。

あなたは、こころの深みまでも、霊において、神を礼拝し、従っていますか？　みずからの信仰を顧みつつ、すべて主のものとされたいと願います。

破れ口に立つ（創世記18章1～33節）

1　審きの神、救いの神

わたしたちは旧約聖書を読むときに、ときに戸惑うことがあります。審きの神の印象が強いということです。旧約聖書を読むとき、神を信じない者、従わない者への徹底的な審きとのろいが記されています。

神学校の時に、求道中の学生さんからこう言われたことがありました。

「旧約聖書を読むと、審きのことが多くてとても読む気になれない。神は愛なりとありますが、本当は審きの神ではないのですか？　それとも、旧約の神と新約の神は違うのですか？　別の神様ですか？」

なるほどだなぁと、もっともな質問だと感じましたね。

皆さんだとどのようにお答えになりますか？　家族、友人・知人から、そのように質問されたらですね……

確かに、民数記やヨシュア記を読むと滅びの記事が多いですね。旧約は「祝福とのろい」というテーマでどちらを選択するかが問われているところもあります。申命記などはそうです。神を信じ従うとき、祝福といのちを受ける。しかし神に反抗し、神から離れる時、のろいを受け、滅びに定められ、いのちを失う。これがテーマでもあります。

そういう意味では、求道中の方が言われたことは正しいのです。しかし、神は審きの神でもあり、救いの神でもあるのです。滅びをもたらす神であり、いのちを与える神でもあります。

神は暴君や専制君主のようにむやみに滅ぼすことも審くこともなさらないのです。何を審くのか？　滅ぼされるのか？　人の罪であります。

しかし結論から申しますと、神は審きを放棄された、滅びを放棄された。旧約では、「ノアの洪水」の時に宣言されています。そして新約です。神は罪のない御子イエス・キリストを審くことによって、人間を赦されたのです。これが十字架の意味です。

2　三人の使者――イサク誕生の予告

さて、創世記12章からいわゆるアブラハム物語が記されますが、おさらいしますと、神の召命・選び、祝福・約束、信仰・従順というテーマが繰り返されています。その信仰によって、神はアブラハムを義とされたのです。しかし、神の約束、アブラハムとサラによる子、イサクは実現していません。いつなのかいつなのかとアブラハムとサラは待ち続けたのです。18章に来て、ようやく光が見えてきました。本日の聖書ですね。2人の旅人が現れます。聖書は、次のように記します。1節以下――。

主はマムレの樫の木の所でアブラハムに現れた。暑い真昼に、アブラハムは天幕の入り口に座っていた。目を上げて見ると、三人の人が彼に向かって立っていた。アブラハムはすぐに天幕の入り口から走り出て迎え、地にひれ伏して、言った。「お客様、よろしければ、どうか、僕のもとを通り過ぎないでください。」

アブラハムはこうして、3人をねんごろにもてなすのです。しかし、聖書には、1節に「主」とある以外、具体的にこの3人がどういう人たちであるか記しません。しかし、アブラハムはこの人たちが誰であるか理解していて、もてなしているようです。

このもてなしに満足したかのように、3人は、アブラハムに告げます。

10節――。

彼らの一人が言った。「わたしは来年の今ごろ、必ずここにまた来ますが、そのころには、あなたの妻のサラに男の子が生まれているでしょう。」サラは、すぐ後ろの天幕の入り口で聞いていた。

天幕の入り口でやりとりを聞いていたサラは、笑うのです。「そんな馬鹿な」と。

11～12節――。

アブラハムもサラも多くの日を重ねて老人になっており、しかもサラは月のものがとうになくなっていた。サラはひそかに笑った。自分は年をとり、もはや楽しみがあるはずもなし、主人も年老いているのに、と思ったのである。

こうして、笑った、笑わないとやりとりが起こります。

笑うという言葉は、イサクです。「笑う」を名前にするのですね。長い間、待ち望んできた子どもの誕生をこういう形で予告される。神様のなさるわざは不思議です。

笑うは、嘲笑でもあり、肯定の笑いでもあります。否定と同時に願望であり、疑いと同時に祈りでもあります。

新島襄、同志社大学の創始者、数年前、NHK大河ドラマでは、新島襄の奥さんである八重さんが主人公でしたね。新島襄さんの本名は、「しめた」だそうです。女の子ばかり4人続いた新島家でした。5人目で男子が生まれ、父親は「しめた」と命名したのです。

3　神はとりなしを求めておられる

さきほど、審きについてお話しました。実は、神は旧約聖書と新約聖書を通して審きや滅びのわざをされるときは、必ずといってもいいほど、とりなしを求められるのです。有名なソドムとゴモラの滅びのとき、神は使いを送ってアブラハムにそのことを知らされます。

創世記18章16節――。こうあります。

主は言われた。「わたしが行おうとしていることをアブラハムに隠す必要があろうか」

神は、ご自身がこれからなそうとしていることを打ち明けられるのです。シェアされるのです。そういう人間を求められるのです。それは、神のご計画を分かち合うことを期待されることですね。かってに滅ぼさない。警告と同時に「待った」の声をかける人を神は求めておられる。それが義人の意味であり、役割です。神によって、義と認められた人の役割、使命なのですね。

アブラハムはどうしましたか？　神の前に立って、神に物申すのです。

22～26節――。

その人たちは、更にソドムの方へ向かったが、アブラハムはなお、主の御前にいた。アブラハムは進み出て言った。「まことにあなたは、正しい者を悪い者と一緒に滅ぼされるのですか。あの町に正しい者が五十人いるとしても、それでも滅ぼし、その五十人の正しい者のために、町をお赦しにはならないのですか。正しい者を悪い者と一緒に殺し、正しい者を悪い者と同じ目に遭わせるようなことを、あなたがなさるはずはございません。全くありえないことです。全世界を裁くお方は、正義を行われるべきではありませんか。主は言われた。「もしソドムの町に正しい者が五十人いるならば、その者たちのために、町全部を赦そう。」

こうしてアブラハムは、50人から45人、40人、35人、30人と神の御前で赦しを求めます。最後に10人まで神の前で食い下がるのです。

これは何でしょうか？とりなしです。滅びを免れない罪にまみれたソドムの町のために、町の人々のために、アブラハムはとりなしをするのです。

結局、ソドムの町は滅ぼされます。どちらにしても滅ぼされるなら、とりなしも祈りも必要ないではないかと考えるかもしれません。「徒労、無駄なことならやめよう。」そうではないのです。ここで大切なことは、神の前で必死になってとりなしをする人を神は求められているのです。それが神の友であり、神のこころを分かち合う人間の信仰なのです。その信仰者、祷告者を神は求められ、この世において立てられ、用いようとされるのです。

旧約聖書を読むとき、神はどれほどこのとりなしを求めておられるか。それを知ることができます。

4　とりなしの系譜

聖書を読む時、このとりなしの系譜というべきとりなし者の名前が記されます。そこに神の友、神のご計画を分かち合う人間が登場するのです。預言者であり、聖徒です。

①アブラハム
②モーセ

モーセは、神の代理人として十戒はじめ律法を提示するのですが、民は神への信仰を忠実に全うできません。むしろ、神に反抗します。神の怒りが燃え上がって民を滅ぼそうとされたとき、モーセが神の前に立って、とりなしをするのです。

詩編106編23節――。
主は彼らを滅ぼすと言われたが
主に選ばれた人モーセは破れを担って御前に立ち
彼らを滅ぼそうとする主の怒りをなだめた。

これは出エジプト記32章の出来事を指しています。エジプトを脱出したイスラエルの民が、神ならぬ金の子牛の像を形作り、これを神として礼拝したのです。
モーセは、自分のいのちと引き換えにして、民の助命を嘆願したします。
③イザヤ、エゼキエル
このモーセから年月が流れています。イスラエルの国は建てられ、政治・経済・文化の華が開きます。

イザヤ書59章15節――。
まことは失われ、悪を避ける者も奪い去られる。
主は正義の行われていないことを見られた。
それは主の御目に悪と映った。
主は人ひとりいないのを見
執り成す人がいないのを驚かれた。

エゼキエル書にも同じような記事があります。
22章30節――。

この地を滅ぼすことがないように、わたしは、わが前に石垣を築き、石垣の破れ口に立つ者を彼らの中から探し求めたが、見いだすことができなかった。

ここで共通しているのは、破れ口の前に立ってとりなしをする者を神は求められているのです。

④イエス・キリスト

神はとりなしをする者、人一人いないのをいぶかられ、驚かれて、最後にイエス・キリストを送られたのです。主イエス様は、十字架の上で祈られます。

ルカ23章34節――。

「父よ、彼らをお赦しください。自分が何をしているのか知らないのです」

究極のとりなしです。死を前にして、イエス様はわたしたち罪ある者のために祈られるのです。まさしく滅びの破れ口に立って、イエス様は祈られます。とりなしを捧げられるのです。

⑤教会の群れ

教会はとりなしのために召された群れであると思っています。この時代、わたしたちの周囲、社会はまさしく滅びの破れ口なのです。多くの人たちがうめき、苦しみ、悩み、助けを叫んでいます。そして、罪の縄目につながれている多くの人たちがいます。

わたしたちも、かつてはその中にいました。いまもいるかもしれない。でも、キリストの十字架の救いに与っているのです。

神の友となる。神の御顔を仰ぐ。神のみこころを知る。

毎朝のデボーションでそれが可能です。祈祷会での祈り。

教会の宣教の働きは、いわば破れ口に立って神の前にとりなしをする働きでもあります。

その使命を確認し、神の助けによって行えるように進みましょう。神は聖霊を送ってくださいます。

ソドム（創世記19章1～17節）

東京聖書学校がまだ淀橋教会の構内（境内地）にあったとき、わたしたち神学生は教会敷地内の片隅に建てられた旧い寮に住んでいました。冬は隙間風が入り、とても寒い寮でした。すぐそばが大久保駅で朝早くから夜遅くまで電車が走り、いつも電車のガタガタゴットンという通過する音を聞いていました。駅のアナウンスも同じように毎回聞こえてきました。一階が男子寮、2階が女子寮になっていて、一階に食堂兼集会室がありました。寮には風呂がないので、銭湯に通っていたのです。教会の門を出て、3、4分というところでしょうか。新大久保駅の方面でした。

今、大久保駅、新大久保駅は約35年前と大きく様変わりし、韓国の食堂やレストランが建てられ、それだけ多くの韓国人がいるのでしょう、とても賑わっています。わたしたちの住んでいたとき、大久保駅から新宿方面の界隈を「ソドムの町」と呼んでいました。

「ソドムの町」とは、教会の人たち、神学生たちがそう呼んでいたので、わたしも自然にそれを受け入れていたのかもしれません。ソドムの町とは、本日の聖書、創世記19章に記されているように、神の審きによって滅ぼされた町であります。なにゆえに神の審きによって滅ぼされたのか。それはソドムが倫理的、道徳的な退廃と堕落、罪のゆえである。そう、聖書が示しているところであります。

確かに、新大久保、大久保界隈、そして新宿方面は歌舞伎町に続くのですが、それを「ソドム」と呼ぶのは、教会側、神学生たちの傲慢ではないか、高ぶりではないかと思わされます。

さて本日は、その「ソドム」についての説教です。

「ソドミー」という言葉があります。ソドムから派生した言葉です。ソドミーとは、辞書を紐解けば次のように解説されています。

〈男色や獣姦《じゅうかん》など、自然に反した性愛。旧約聖書に記された、悪徳の都市ソドムにちなむ称〉（大辞泉）

また、別の辞書では、

〈（旧約聖書に出てくる町ソドムにちなむ）男色、獣姦、少年愛などの自然に反した性愛。特に男色をいう〉（日本国語大辞典）

このように、ソドムとは悪徳の町の代名詞のように見られているのが分かります。旧約聖書の他のところ、預言書にも、ソドムはその悪徳行為のゆえに神の審きを招き滅亡したとあります（エゼキエル書16・49～50）。

1　二人の使い

聖書は、二人の使い――それは天使と考えられています――ソドムに着き、ロトに出会うところから始まります。

19章1～3節――。

二人の御使いが夕方ソドムに着いたとき、ロトはソドムの門の所に座っていた。ロトは彼らを見ると、立ち上がって迎え、地にひれ伏して、言った。「皆様方、どうぞ僕の家に立ち寄り、足を洗ってお泊まりください。そして、明日の朝早く起きて出立なさってください。」彼らは言った。「いや、結構です。わたしたちはこの広場で夜を過ごします。」しかし、ロトがぜひにと勧めたので、彼らはロトの所に立ち寄ることにし、彼の家を訪ねた。ロトは、酵母を入れないパンを焼いて食事を供し、彼らをもてなした。

ここでは、ロトのかいがいしいもてなしぶりが強調されています。旅人を迎え入れ、もてなすこと。これが古代中東のよき慣習であったと言われます。アブラハムもまた、御使いたちを見たとき、かいがいしくもてなしたのです。それゆえにこそ、御使いと一緒におられた主なる神は、アブラハムにソドムのことを打ち明けられたのです。ソドムを滅ぼすとの意思を伝え、そこからアブラハムはソドムのために執り成しをするのです。

さらに、こうも言えるでしょう。ロトは、霊に敏感であったと。御使いを観たときに、ロトは「立ち上がって迎え、地にひれ伏した」とあります。礼拝行為です。そんなことを見知らぬ旅人に普通するでしょうか？

これに対して、町の男たちは、次に言うように、鈍感であるということです。家を取り囲んで、わめきたて、「なぶりものにしてやる」と威嚇するのですから。

2　町の男たち

夜になって、町の男たちがロトのもとに押しかけます。4〜5節。

彼らがまだ床に就かないうちに、ソドムの町の男たちが、若者も年寄りもこぞって押しかけ、家を取り囲んで、わめきたてた。「今夜、お前のところへ来た連中はどこにいる。ここへ連れて来い。なぶりものにしてやるから」

〈若者も年寄りもこぞって押しかけ、わめきたてた〉無法の町という感じですね。問答無用という荒っぽさです。

〈なぶりものにしてやるから〉という言葉は、口語訳では、次のようになっています。

「今夜おまえの所にきた人々はどこにいるか。それをここに出しなさい。われわれは彼らを知るであろう。」

〈知る〉という言葉は、性的意味合いがあるとされています。創世記4章1節に「アダムが妻エバを知った。彼女は身ごもってカインを産み」とあります。同じヘブライ語の言葉が使われています。この知る、性的な結合を指す言葉から、ソドムの男たちが男色であることを伺わせるものとなっているのです。

近年、ソドムの罪は男色というより、むしろソドムの人たちの暴力的性格、無法性にあると神学的研究があります。旅人・客人をもてなすロトに対して、旅人・客人を拒絶し、虐待するソドムの無法性です。

優しさ、思いやり、共に食卓にあずかること。これが神のみこころであり、それを実行することが信仰であるというのです。

3　不合理

旅人をもてなすことに忠実であるロトですが、わたしたちにとってどうしても理解できないことがあります。それは旅人を守ろうとするあまりに、自分の娘を人身御供に出そうとするロトの態度です。これはどういうことでしょうか。見上げた信仰として、ロトを褒めることができるでしょうか？

7〜8節――。

「どうか、皆さん、乱暴なことはしないでください。実は、わたしにはまだ嫁がせていない娘が二人おります。皆さんにその娘たちを差し出しますから、好きなようにしてください。ただ、あの方々には何もしないでください。この家の屋根の下に身を寄せていただいたのですから。」

これはどういうことでしょうか。旅人を客として迎え入れ、もてなしたロトは、最後まで旅人を守ろうとするのです。それも、自分の二人の娘、彼女たちは、男を知らない、つまり処女です。普通、父親というのは、娘を守るものです。娘の名誉を守り、娘のいのちのためなら、みずからの命さえも厭わないのが父親です。

それが、簡単に今日あったばかりの見知らぬ旅人のために、自分がではなく、娘を人身御供に差し出そうとする。無責任な親ですね。

〈この家の屋根の下に身を寄せていただいたのですから〉それがロトの名誉のためだったのでしょうか。実は、士師記19章に、同じような記事があります。ギブアという町での出来事。猟奇的事件です。

4　町の男たちのロト観

しかし、町の男たちはそんなロトを無視します。9節。

男たちは口々に言った。「そこをどけ」「こいつは、よそ者のくせに、指図などして」「さあ、彼らより先に、お前を痛い目に遭わせてやる」　そして、ロトに詰め寄って体を押しつけ、戸を破ろうとした。

〈よそ者〉これがソドムの町の男たちがロトに対する評価です。このところから、保守的な説教者、注解者は、ロトはソドムに対してよい証しをたてることができなかった。そう否定的に評価しています。アブラハムと別れて、まずよい土地を選んでソドムの方に去ったが、町の人びとを感化することができなかったというのです。

この考え方はクリスチャンのあり方に注意を向けさせます。クリスチャンは、悪と無法の町に福音を伝えに行くのだ。そこで、罪ある人々を悔い改めさせ、立ち返らせる。その役割と使命を持っている。ロトは、それができなかった。そのように、教えられたことがあります。ロトは、証しに失敗したのみならず、自分の娘を人身御供に出すほどに、家族関係を壊し、あまつさえ、自分の妻さえも救えなかった。妻は、後ろを振り返ったがために塩の柱になったのです。最後は、自分の娘によって子どもができる。近親相姦。踏んだり蹴ったりです。

そんなロトがどうして、義人でありましょうか。しかし、聖書はロトを義人として記すのです。ただ、非道の者どもの放縦な行いによってなやまされていた義人ロトだけを救い出された。（ペトロの第二の手紙 2章7節）

この義人ロトについては次回の説教で取り上げたいと思います。

5 救い

10節以降は、ソドムの町の男たちの乱暴狼藉、二人の御使い、ロトとその家族がどのように行動したか。映画を観るかのように描写的に記されています。まさに手に汗握るドラマであり、はらはらする思いです。

結果的に、御使いはその力を行使して、ロトとその妻、娘を危機一髪の滅びから救い、助け出すのです。

そして、ソドムはゴモラと共に滅ぼされます。ここには、ゴモラに対する記述はありませんが、ソドムと同じように罪ある町だったのでしょう。24節――。

主はソドムとゴモラの上に天から、主のもとから硫黄の火を降らせ、これらの町と低地一帯を、町の全住民、地の草木もろとも滅ぼした。

27節以降にアブラハムが登場します。アブラハムは先に主と対面したところで、ソドムの滅びを目撃します。50人から10人と正しい人がいれば滅ぼさないと確約をとったにもかかわらず、神はソドムを滅ぼされたのです。そのことを知ったアブラハムは心の中で何を思ったでしょうか。ソドムには、一人も正しい人がいなかったのかということでしょうか。

29節には、次のように記されています。

こうして、ロトの住んでいた低地の町々は滅ぼされたが、神はアブラハムを御心に留め、ロトを破滅のただ中から救い出された。

神は、アブラハムのゆえに、ロトを救い出されたのです。つまり、アブラハムの祈りは聞かれたのですね。

わたしたちは、2011年3月11日に東日本大震災を経験しました。そして、福島原発の事故です。大自然の力と脅威の前に、人間の科学や文明はひとたまりもなく滅び、消えてしまうのです。ソドムがそうでした。しかし、わたしたちはソドムのような罪を犯したのでしょうか。文化の退廃をきたし、人間のこころを失うほどに隣人に対して無知だったのでしょうか。「天罰だ」と言った知事がいますし、「警告だ」という人たちもいます。滅びに到る者がいれば、救いに与かる者もいる。そのような予定論で片づけてしまってよいのでしょうか。

わたしたちができることは、アブラハムのように、祈ること。神の前に対峙して、神の怒りと審きの前にあって、執り成しをすること。イエス様が十字架上で、「父よ、彼らを赦してください」と叫ばれた。その祈りによって、わたしたちが救われていることを感謝し、その感謝が今度は他者のために向かう。祈りと宣教がわたしたち教会の使命となるのだということです。

自らの救いでよしとするのではなく、目を覚まして、友のために祈り、御言葉によってもてなす。これがキリスト者の務めであり、教会の役割であります。

祈ります。

メモ　ホモセクシュアルに関すること

今の時代、旧約聖書の読み方が変わってきています。ソドムについては、最初に申しました。〈男色や獣姦《じゅうかん》など、自然に反した性愛。旧約聖書に記された、悪徳の都市ソドムにちなむ称〉（大辞泉）〈（旧約聖書に出てくる町ソドムにちなむ）男色、獣姦、少年愛などの自然に反した性愛。特に男色をいう〉（日本国語大辞典）

最近の神学は、この男色といった同性愛について、許容範囲にあります。とくに日本基督教団は、人権問題として、マイノリティの権利として同情的であり、容認する傾向にあります。

マイノリティとは、少数派を意味しますが、「マイノリティの権利（社会的少数者ないし少数派の権利とも）という表現は二つの別々の概念の具現化である。まず、人種的、民族的、階級的、宗教的、言語的、性的マイノリティの一員に適用される人並の個人の権利。第二に、マイノリティのグループに与えられる集団の権利（英語版）である。この表現はマジョリティの判断に与《くみ》さない誰の権利に対しても単純に適用される場合もある。」（Wikipedia）とあります。

このマイノリティには、性的つまりセクシャル・マイノリティがあり、聖書に係ってきます。

ＬＧＢＴと言われる人たちです。

ＬＧＢＴとはレズビアン（女性同性愛者）、ゲイ（男性同性愛者）、バイセクシュアル（両性愛者）、トランスジェンダー（性別越境者、性同一性障害者を含む）の総称で、性的指向（恋愛・性愛感情が向く性）や性自認（こころの性）等の面で少数派（マイノリティ）に属する人々です。ＬＧＢＴ人口は全体の約５％（20人にひとり）と言われています。

職場では、いろいろな課題があります。ニュースや新聞の社会面、文化欄などで見かけます。教会ではどうでしょうか？　人権問題では、神の愛と平等、差別しないことが建前ですが、教会は聖書にあるように、古い道徳と倫理に縛られています。いい、悪いということではなく、現実的にそれがある。それについて、イエス様はどうわたしたちに教えられるのか。これが大切なことだと思います。

義人ロトと娘たち（創世記19章30～38節）

２０１１年3月11日に千年に一度という大地震が東北の三陸沖で発生しました。それに続く、大津波により甚大な被害が発生しました。東日本大震災です。同時に福島原発にも大津波が押し寄せて、原発が機能しなくなり、原子炉がメルトダウンを起こし、放射能が撒き散らされました。まさしく、未曽有の経験でした。

今、わたしたち日本国民はこの危難と災害のために一致して復旧と復興を願い、そのために努力を惜しまずに進もうとしています。

顧みて、わたしたち日本人は同じような危機、苦難を経験しました。第2次大戦と広島、長崎の原爆、敗戦によるショックです。日本は滅亡する。そのような危機、危難を多くの国民は覚えたと思います。原爆やアメリカ空軍B26の空襲により、焼け野原となったのです。しかし、そのショックからも立ち上がり、日本は今日の繁栄を築きあげました。

この経験から、日本は大震災と福島原発の事故の影響があったとしての、必ず立ち上がり、不死鳥のように復旧と復興を果たすと信じるものであります。

ここで、大切なことは、苦難、絶滅のような状況の中にあっても、そこからどうするか、どのようにスタートしていくか。そのことが大事だと信じるのですね。

いわば、いのちの再出発と言ってもよいでしょう。広島、長崎の崩壊から経済成長を遂げたように、今また東日本大震災の苦難の中でも、震災の被害者、福島原発の避難者には、何もかも失ったという状況にあっても、そこからどう生きていくか。再出発するか。そのことが人間としての尊厳ですね、今こそ、そのことを明確に自覚して進む。これだと確信します。


本日の聖書は、ソドムとゴモラの滅亡の後のことです。神の審きによって、滅ぼされ、ソドムとゴモラの人たちは全滅しました。生き残ったのは、ロトと二人の娘だけです。先ほど、司会者によって読まれた創世記19章30～38節は、そう記しています。

生き残ったロトと娘たちですが、19章1節から29節までを読むと、ただ神の憐みによって救い出されたと言ってもいいでしょう。アブラハムの祈りがそこにあったからでもありましょう。逃げる途中で、ロトの妻は後ろを振り返ることで、塩の柱になりました。振り返ってはならないと命じられたにもかかわらず、振り返ったのです。

1　審き――滅びの出来事にあっても残された民がいる

今日の聖書を読むと、すなわち、審きの中で、救われた民がいる。ロトと娘たちです。創世記の中で、同じように世の罪によって神の審きが下り、滅ぼされた時代がありました。

ご存知でしょうか。ノアの時代ですね。創世記6章からはじまるノアの箱舟、洪水の物語です。ロトの時は、ソドムとゴモラという、限定された地域でした。ノアの時は、全世界の罪のためにノアとその家族、つがいの動物以外はすべて滅ぼされてしまったのです。

2　滅びのあとの生き方、ノアとロトの信仰

時代は違いますが、同じような滅び、神の審きに遭った者が、そのあとに採った選択肢、如何に生き、如何に神に従ったか。その差、違いが歴然としています。

ノアは、箱舟から出るとまず（最初に）したこと、それは何でしょうか？

礼拝なのですね。

創世記8章15節以下を読みます。

神はノアに仰せになった。「さあ、あなたもあなたの妻も、息子も嫁も、皆一緒に箱舟から出なさい。すべて肉なるもののうちからあなたのもとに来たすべての動物、鳥も家畜も地を這うものも一緒に連れ出し、地に群がり、地上で子を産み、増えるようにしなさい。」

そこで、ノアは息子や妻や嫁と共に外へ出た。獣、這うもの、鳥、地に群がるもの、それぞれすべて箱舟から出た。ノアは主のために祭壇を築いた。そしてすべての清い家畜と清い鳥のうちから取り、焼き尽くす献げ物として祭壇の上にささげた。

長い引用となりましたが、20節「主のために祭壇を築いた」とあります。これは礼拝です。まず、何よりも礼拝を献げたということです。先週は、マルコによる福音書2章から安息日について説教しました。安息日、礼拝です。日曜日に礼拝を献げる。これを自覚し、きちんと行う。そこで、生き方が決まるのですね。

ノアは、世の終わりのような出来事の中で、――何しろ、箱舟に入った生き物以外は、全滅したのです――生き残った、すなわち救われた、生かされた、いのちをいただいた。そこからいのちの神に礼拝を献げるのです。第一のことを第一とするのです。

しかるに、ロトは、どうでしょうか？　比較すると興味がでてきますね。比較する事柄かどうかは、今日は問いませんが……

ロトはどうしたでしょう。19章30節。

ロトはツォアルを出て、二人の娘と山の中に住んだ。ツォアルに住むのを恐れたからである。彼は洞穴に二人の娘と住んだ。

恐れです。そして、二人の娘と息を殺すようにして生活をしている。そこには、ノアの時のような、神の言葉、祝福がないのです。8章17節ですね。

すべて肉なるもののうちからあなたのもとに来たすべての動物、鳥も家畜も地を這うものも一緒に連れ出し、地に群がり、地上で子を産み、増えるようにしなさい。

むしろ、娘たち姉妹は、山の中から出て行くこともせず、何と父ロトにぶどう酒を飲ませて、前後不覚になるまで酔っ払わせて、同衾し、父ロトによりこどもを孕むのです。

31節以下。

姉は妹に言った。「父も年老いてきました。この辺りには、世のしきたりに従って、わたしたちのところへ来てくれる男の人はいません。さあ、父にぶどう酒を飲ませ、床を共にし、父から子種を受けましょう。」

娘たちはその夜、父親にぶどう酒を飲ませ、姉がまず、父親のところへ入って寝た。父親は、娘が寝に来たのも立ち去ったのも気がつかなかった。


こんなことがあるのだろうかと訝《いぶか》しげに思います。聖書の中で、ここほどセンセーショナルな記事はありません。ほかに、二つ、三つありますが……。躓きに満ちているところです。小学生、中学生、高校生にどのように教えればよいのでしょうか？


はじめは、姉が、次の夜には妹が同じように父ロトにぶどう酒を飲ませて、同衾し、子を孕みます。不覚にも、ロトは知らないというのです。これも訝しいですね。

結論として、このように記されます。36〜37節。

このようにして、ロトの二人の娘は父の子を身ごもり、やがて、姉は男の子を産み、モアブ（父親より）と名付けた。彼は今日のモアブ人の先祖である。妹もまた男の子を産み、ベン・アミ（わたしの肉親の子）と名付けた。彼は今日のアンモンの人々の先祖である。

はじめに申しましたように、苦難、危機、危難の時に、そしてその後にどう生きていくか。いのちの再出発。どう前に向かって進むのか。ノアは、祭壇を築いて神に礼拝を献げた。ロトはぶどう酒を飲み、不覚にも正体不明になり、わが娘と寝たことさえも知らない。罪のただなかに居続ける。どっぷりと罪にまみれ、汚辱に浸かる。そんな生き方です。

3　神の計画

しかし、聖書は、そのロトに対してどう評価しているのか？　興味があります。その後、ロトは、聖書から消えてしまいます。20章からアブラハムに戻ります。イサク誕生へと進むのです。

それでも、ロトの子孫は何度も登場してくるのです。モアブ人、アンモン人として。モアブとアンモン人は、近親相姦によって生まれた民族として、ユダヤ人から疎まれ、毛嫌いされていました。とくに、モーセの律法によって、彼らと付き合ってはならないと規定されているのです。

申命記23章4節――。

アンモン人とモアブ人は主の会衆に加わることはできない。十代目になっても、決して主の会衆に加わることはできない。

アンモン人とモアブ人を徹底的に排除するということですね。イスラエルは、純血主義のところがあります。混血を認めないのです。他民族と結婚した者を排除する。場合によっては、殺してもよい。そんな記事が聖書にあります。(民数記25章7節)

そんな純血主義の頂点は、エズラ・ネヘミヤ書です。しかし、その中でも純血主義を行き過ぎたものとして、カバーし、他の民族と和解していく箇所も聖書にはあるのですね。

それがルツ記です。昨年は婦人会でルツ記を取り上げました。ルツはモアブの女性なのです。そのルツがベツレヘムのボアズと結婚し、子どもが生まれます。オベドと言います。オベドの孫がダビデ王です。なんと、イスラエルの歴代の王の中でもっとも偉大な王とされるダビデ王の祖父にモアブの血があるのです。純血主義とは異なるものです。

そして、新約聖書、マタイによる福音書1章にあるように、イエス様の系図にこのルツの名前が記されているのです。

マタイ1章5〜6節——。
サルモンはラハブによってボアズを、ボアズはルツによってオベドを、オベドはエッサイを、エッサイはダビデ王をもうけた。

このダビデから28代目にイエス様がお生まれになります。

神の計画は、壮大ですし、気が遠くなるほどの時間を経て、救い主イエス・キリストに至る道筋を通るのです。ロトとその娘によってモアブが生まれる。顰蹙《ひんしゅく》を買うようなスキャンダル。目を当てることもできない、正視できないくらいに、見るのも聴くのもいや、話に出ることさえも拒否したくなるような出来事の中で、罪の真っただ中でさえも、その闇の底にあっても、神は光を当てられ、救いを用意されておられる。これが福音です。

もともと、十字架はスキャンダルなのです。躓きに満ちている。しかし、その躓《つまず》きから神はもっともよいものを与えられる。これが神秘、キリスト教のミステリオン、奥義なのですね。（Ⅰコリント1章18〜25節、とくに23節の「躓かせるもの」とは、ギリシャ語ではスカンダロンです。ここからスキャンダルへと派生します）

わたしたちは、キリストの恵みと神の愛に満たされ、救われている。そこにはもはや、他者への偏見や独断、差別、断絶は取り払われているのです。
キリストの十字架にあって、和解しているのです。
そのことを感謝しましょう。

新約聖書 ペトロの手紙二で、ペトロは、ロトを義人すなわち「正しい人」と書きました。世の罪や闇を憂い、正しい心を痛めていたとあります。そして、このロトの系図からもイエス様が生まれることになるのです。神はすべてを善・益に変えられるのです。

祈ります。

人間アブラハム（創世記20章1～18節）

神がわたしたち信仰者に対して持っておられる計画は、時に理解できないことがあります。神はわたしたちに祝福を約束されているのですが、時に、祝福とは異なったものを経験することがあるのです。病気、怪我、苦難、試練などです。

神よ、どうしてですか？　そのように、苦しみ訴え、嘆くことがあるのです。

それでも、信じていくのがわたしたちの信仰でもありますが……。

アブラハム——わたしたちの信仰のお手本、模範です。すべての国民の父とされているアブラハムです。そのアブラハムもまた、すんなりと神からの祝福を受けてばかりいるのではありません。苦難、試練の連続であります。

先に、ソドムとゴモラにおいて、アブラハムは、神の審きの厳しさを経験しました。また、こどもを与えると約束されたにもかかわらず、一向にその約束がかなわない。契約違反ではないか？　そのように、神の約束の実現が遅れており、実現しないさまを見て、アブラハムは焦りました。

本日、読まれた聖書は、神がようやくその実現をされる直前の記事であります。21章で、イサクが生まれます。待望のアブラハムとサラの子であります。ソドムとゴモラの滅亡の後に、イサクの誕生ではなく、このゲラルでの出来事が記されるということで、特別の意味があるように思います。

1　アブラハムの保身

保身とは、文字通り、自分の地位・名誉・安全などを守ることであります。約３６００年前の中東の中で、アブラハムは自分の身を守るために、策を弄するのであります。第一に、嘘をつくのですね。偽りです。

1節から読みましょう。

アブラハムは、そこからネゲブ地方へ移り、カデシュとシュルの間に住んだ。ゲラルに滞在していたとき、アブラハムは妻サラのことを、「これはわたしの妹です」と言ったので、ゲラルの王アビメレクは使いをやってサラを召し入れた。

妻であるのにもかかわらず、妹と嘘をつく。これがアブラハムの保身です。自分の身、可愛さのために、偽るのです。なぜでしょうか。召し入れたとありますが、これはゲラルの王がサラの美しさを気に入って、後宮にいれようとしたからです。側室ですね。

「夫である」といえば、殺されるかもしれないと思ったからです。妹だと言えば、殺されることもなく、むしろ大切にされる。

事実、12章10節以下、エジプトでも同じことをしているのです。すなわち、このようにあります。

その地方に飢饉があった。アブラムは、その地方の飢饉がひどかったので、エジプトに下り、そこに滞在することにした。エジプトに入ろうとしたとき、妻サライに言った。「あなたが美しいのを、わたしはよく知っている。エジプト人があなたを見たら、『この女はあの男の妻だ』と言って、わたしを殺し、あなたを生かしておくにちがいない。どうか、わたしの妹だ、と言ってください。そうすれば、わたしはあなたのゆえに幸いになり、あなたのお陰で命も助かるだろう」

エジプトの王、ファラオはサラの美しさを聞いて、宮廷に入れたのですね。しかし、そのことが原因で、エジプトの宮廷の人々が病気になってしまった。神がサラを純潔から守るためにそのようにされたのですね。そうして、ファラオはサラとアブラハムを去らせます。

本日の20章は、この12章の記事とよく似ています。違うのは、12章が飢饉のためにエジプトに下った時のことです。20章は、ゲラルでの出来事です。ゲラルは、パレスチナの地にあり、ガザの南の地方であったと言われます。羊を飼うアブラハムはゲラルまで行ったのですね。その時、先ほどのように、サラを妹だと偽ったのです。これも保身のためであります。

12章と20章の間に、わたしたちはいろいろなことを見てきました。ロトとの別れ、メルキゼデク王、15章　神の約束の確認、義とされたこと。待ちきれなくて、女奴隷ハガルを通して、イシュマエルが生まれたこと。そして、ソドムとゴモラの滅亡です。約束の子を待ち望みながら、なかなか実現しないアブラハムの焦りと苦悩を見てきました。

その間、歳月が過ぎました。アブラハムは99歳になっています。そして、サラも年を取り、月のものがとうになくなっていたと書いてあります。（18章10節）90歳のおばあちゃんです。

そのサラ、老婆と言ってもよいでしょう。そのサラをゲラルの王アビメレクはサラを側室にしようと召し出すのです。悪趣味なのでしょうか？

11節から13節――。

この所には神を恐れるということが、まったくないので、私の妻のゆえに人々が私を殺すと思ったからです。また彼女はほんとうに私の妹なのです。私の父の娘ですが、母の娘ではありません。そして、私の妻になったのです。神が私に父の家を離れて、行き巡らせた時、私は彼女に、あなたは私たちの行くさきざきで私を兄であると言ってください。これはあなたが私に施す恵みであると言いました。(口語訳)

信仰の父と言われたアブラハムが、神を信じることが出来ず、また自己の不信を神の責任にしている。アブラハムは自分が殺されることを恐れたのです。神はどのような時にも守ると信じきることが出来なかったのですね。

聖書の記述は、21章でイサクが生まれることから、サラにはこどもを産む体力を神が与えられる。そのために、ゲラルの王からも神は特別に守られるのだ。そう理解してもよいのだと言っているのではないでしょうか?

2　神の介入

偽り、保身を図るアブラハムであっても、神はアブラハムとの契約のゆえに、介入される。これがゲラルでの意味であります。夢の中で神は、アビメレクに現れ、事の次第を語られるのです。3節以下にある通りです。そして、アビメレクは神の前に自己弁明をします。そして、神は言われます。

7節――。

直ちに、あの人の妻を返しなさい。彼は預言者だから、あなたのために祈り、命を救ってくれるだろう。しかし、もし返さなければ、あなたもあなたの家来も皆、必ず死ぬことを覚悟せねばならない。

アブラハムの祈りを支持されるのです。執り成しの祈りです。預言者の祈りです。その祈りによって、いのちを救い、死を免れるのです。

17～18節――。

アブラハムが神に祈ると、神はアビメレクとその妻、および侍女たちをいやされたので、再び子供を産むことができるようになった。主がアブラハムの妻サラのゆえに、アビメレクの宮廷のすべての女たちの胎を堅く閉ざしておられたからである。

神は、アビメレクに介入されると同時に、アブラハムの優位性を強調されるのですね。アブラハムの祈りによって、王が祝福を受けるのです。

3　人間アブラハム

信仰の父アブラハムでさえ、試練の中ではその場しのぎの小細工を施し、その結果、人を欺き、傷つけ、裏切り、しかもそれを神の名によって正当化するのです。正に人間は罪人であり、義人はいないのですね。アブラハムもしかりなのです。人間アブラハムの失敗です。しかし、その失敗でさえも神はアブラハムとの契約のゆえに、つまり彼を義と認められた神はアブラハムを祝福の基としてゲラルの王の執り成し者として立てられるのです。

そのアブラハムに神は祝福の御手を伸ばされます。次の章になり、待望の約束の子、イサクが誕生

します。神の選びと召し、祝福は変わることがないのです。

さて、わたしたちの救い主イエス様。肉によれば、アブラハムの子としてイエス様はお生まれになります。人間の思いを超えて、人知を超えて、神がご自身の計画を行われる。人間の救いと世界の平和のために、神が用意された計画です。

すべての人たちの救いの神のご計画が、イサク誕生によって進められるのです。

祈ります。

約束の成就（創世記21章1～8節）

いわゆるアブラハム物語は12章から始まりますが、アブラハム物語の主題は、神の選びと祝福であります。

神は数ある民族の中からアブラハムとその民族を選ばれたのです。そして、そのアブラハムに神は約束をされます。12章1～4節――。

主はアブラムに言われた。「あなたは生まれ故郷　父の家を離れて　わたしが示す地に行きなさい。わたしはあなたを大いなる国民にし　あなたを祝福し、あなたの名を高める　祝福の源となるように。あなたを祝福する人をわたしは祝福し　あなたを呪う者をわたしは呪う。地上の氏族はすべてあなたによって祝福に入る」アブラムは、主の言葉に従って旅立った。ロトも共に行った。アブラムは、ハランを出発したとき七十五歳であった。

この約束は15章5節に顕著です。「天を仰いで、星を数えることができるなら、数えてみるがよい。」そして言われた。「あなたの子孫はこのようになる。」

この約束は、17章においては、契約となります。5～6節——。

あなたを多くの国民の父とするからである。わたしは、あなたをますます繁栄させ、諸国民の父とする。王となる者たちがあなたから出るであろう。

この神の言葉、神の約束が繰り返されても、いつまでたってもアブラハムに子どもが生まれることはありませんでした。そこで、妻サラの女奴隷ハガルを通して、イシュマエルという長子を設けることになります。しかし、イシュマエルは、約束の子ではないのですね。サラから生まれる子こそが、神の選びの子、約束の子だったのです。

しかし、イシュマエルも一つの民族の祖として、神は祝福をされます。庶子だからといって、排除されることはないのですね。神の約束はイシュマエルにも及ぶのです。

21章18節——。

「立って行って、あの子を抱き上げ、お前の腕でしっかり抱き締めてやりなさい。わたしは、必ずあの子を大きな国民とする。」

さて、本日の21章に来て、待望の約束の子、イサクが生まれます。待ちに待ったアブラハムとサラの子です。イサクの誕生まで、アブラハムとサラはどれだけの時間を待ったことでしょう。75歳の時に、神の召命を受けて旅に立つのですが、21章5節には

息子イサクが生まれたとき、アブラハムは百歳であった。

とあります。25年間待ったのですね。

本日は、このところから三つのことがメッセージとして聴くことができます。

1　神の時の実現——神の計画

1節、2節には、次のように記されています。

主は、約束されたとおりサラを顧み、さきに語られたとおりサラのために行われたので、彼女は

身ごもり、年老いたアブラハムとの間に男の子を産んだ。それは、神が約束されていた時期であった。

「約束されたとおり、約束されていた時期」と2度記しています。これは強調ですね。神の約束は、違わない。反故にされない。必ず実現するのだ。そして、その実現は神の時、神の時期であるというのです。

これが聖書のメッセージですね。

ここで考えることは、神の計画ですね。アブラハムに子を与え、その子が大きな国民になる。人はそれを信じ、待つ。しかし、何度も見て参りましたように、アブラハムは神の約束を待てない。神をそっちのけにして勝手に振る舞うのです。(ハガル＝イシュマエル)

それは神には、織り込み済みでもあるのです。人間の不信仰と待てないこと、それは人間の弱さ、罪びとであることをも神は了解済みであるのです。

人間は目先のことを考え、目標実現のために焦ります。人間に与えられた時がないからです。しかし、神の時は、人間の時ではない。

「では、神は人間に約束された言葉を忘れられたのか？　ほっといておられるのか？」　そんなことが言えます。「しかし、神はご自身の計画を行うために、人間を見ておられる。神の眼差しは人に注がれているのだ」　これが神の愛と慈しみだと信じるのですね。

なぜなら、神は誠実であられる。ご自身の言葉を守られる。ご自身の計画を遂行される。これが聖書全体の教えです。

約束の実行、契約の履行であります。その究極がイエス・キリストご自身、神が人となられた。そして、十字架にて死に、葬られる。ここまでが、神のご計画だと信じます。ですから、神の時、神の時期があるのです。神はアブラハム、イサク、ヤコブの神であります。そして、わたしたちの神であられます。神の救いは、今の時も見据えておられるのです。

2　人間の計画

この待ちに待った子の誕生は、アブラハムとサラに何をもたらしたでしょうか？　子の誕生は、家族のよろこびです。いのちが授かった。いのちの継続であり、子孫があるということは、自分のいのちがつながっていることのよろこびです。

そこに笑いという言葉があります。6〜7節——。

サラは言った。
「神はわたしに笑いをお与えになった。
聞く者は皆、わたしと笑い（イサク）を共にしてくれるでしょう。」
サラはまた言った。
「誰がアブラハムに言いえたでしょう
サラは子に乳を含ませるだろうと。
しかしわたしは子を産みました。年老いた夫のために。」

子を持つことは、女性にとっては幸せです。とくに、お腹をいためた子は可愛いものです。男親にとっても、幸せの絶頂にいることです。子孫、繁栄、社会的にも責任を持っていきます。まさに長い間笑うことがなかったサラが、子を持つことで笑いが出てきたのです。笑いは、イサクです。18章では、天使の訪問を受けて、来年の今頃にあなたには子が生まれると告げられた時、サラは笑いました。その笑いは、冷笑でした。どうして、90歳になった高齢のわたしに子が生まれるこ

とがあろうか、です。（18章12節）
しかし、一年後、サラは喜びと感謝でもって、こころから笑ったのです。まさに、女性としての幸せを感じたのです。

さて、それでハッピーエンドでしょうか？　わたしたちは、テレビや映画、小説などでドラマを見ます。男女の愛の物語を見ます。いろいろな経緯があり、葛藤があり、お互いの心を確かめて、結婚を決断します。家族、友人や多く人の祝福を受けて結婚します。しかし、それで終わりではありません。結婚してから、夫婦の長い生活が続きます。子が生まれなければ、悩みます。生まれれば、それは喜びですが、今度は子育ての悩みや迷いが出てきます。この成長過程で、いろいろな葛藤が起こってきます。子の病気、進学、子どもの人間関係について、親は心配します。子どものことで一喜一憂するのです。忍耐を学ぶのです。まさに、終わることのないドラマです。
実はわたしたち自身がそのドラマの主人公なのです。

サラもアブラハムも葛藤が生じます。アブラハムとハガイの子、イシュマエルのことで新しい混乱が生じるのです。サラは、イシュマエルとイサクのことで、ハガルとイシュマエルを追放するのです。

9～11節。

このところは、サラは残酷ですね。母親はわが子のために残酷になれるものだと思います。アブラハムはそのことで苦しみます。神の言葉がアブラハムを慰めます。12節。

3　神の眼差し

人間は、その生きている間、ハッピーエンドはないのです。完成も完結もありません。いつも、葛藤が生じ、痛みと苦しみを経験するのです。苦難、艱難、病、苦悩、痛み、傷がつきものです。そこで落ち込まない。失望しない。落胆しない。

神は人間の忍耐を観ておられる。むしろ、試されることがあるのではないか。しかし、そこに、人としての成熟、成長があるのです。

神のご計画は、人の救い、祝福です。神はわたしたちを愛しておられます。わたしたちは安息、喜びを与えられるのです。それはわたしたちの人生の肯定です。生きてきてよかった。神はわたしを助けてくださった。感謝を持ち、祈りを献げることなのです。

そこに神の眼差しあり、神はわたしたちを見つめておられるのです。神の臨在、ここにおられて、聖霊を送り、共におられる。わたしたちは一人ではない、孤立していない。人生は、無駄ではないのだと信じ、神の慰めの言葉を聴くこと。これが信仰生涯です。

その思いで神を見上げること。神の眼差しを受けて、わたしたちもまた神を見る。そこに応答としての信仰があるのです。

ハガルとイシュマエル（創世記21章9〜21節）

韓国でピョンチャン冬季オリンピック（２０１８年）が始まりました。世界中からオリンピック参加選手と関係者が集まりました。わが日本からも大勢の選手たちが韓国に渡ったことです。言うまでもなく、オリンピックの象徴（シンボル）は世界の五つの大陸を表す五輪ですね。世界の民族がその人種・宗教・政治によって差別待遇がない、平和の祭典として競技が行われる。このところから友情と交流が深められ、平和がこのことを通しても実現するように願うことです。

さて、昨年11月、創世記21章1〜8節までを説教しました。「約束の成就」と題しました。アブラハムが長年待ち望んでいた子どもが生まれたのです。その時、アブラハム一〇〇歳、サラは90歳でした。奇跡によって生まれた子、それがイサクです。

1　人の目、神の目

今日読まれた聖書、創世記21章9節からは、そのあとのことが記されています。8節からお読みしましょう。

やがて、子供は育って乳離れした。アブラハムはイサクの乳離れの日に盛大な祝宴を開いた。

乳離れは、最近は卒乳と呼ばれるようですが、だいたい1歳から1歳半くらいでしょうか。赤ちゃんは、はじめはハイハイし、次につかまり立ち、伝い歩き、そして、よちよちと歩きはじめるようになります。しかし、今より3600年前の栄養状態が十分でない時代、ユダヤ教では乳離れは3歳ころとされています。

アブラハムとサラは、目に入れてもいたくないほどに可愛がり、愛を注いだことでしょう。盛大な祝宴を開いたのです。

その時、9～10節――。

サラは、エジプトの女ハガルがアブラハムとの間に産んだ子が、イサクをからかっているのを見て、アブラハムに訴えた。「あの女とあの子を追い出してください。あの女の息子は、わたしの子イサクと同じ跡継ぎとなるべきではありません。」

母親のわが子を見る目は、愛そのものですが、同時にライバルへの目は厳しいものがあります。「からかっている」とありますが、これは「あざ笑う」「ふざける」「なぶりものにする」という意味があります。この時、イサクとイシュマエルの歳の差は14歳でした。ですから、イサクが乳離れしたころには、イシュマエルは17歳ころになっていたのです。高校生くらいですね。母が違う兄弟ですが、兄弟仲はどうだったでしょうか。このイサクとイシュマエルの兄弟関係は、それぞれの母親の関係と結びつけることができます。イサクの母サラとイシュマエルの母ハガルの関係です。

創世記16章に戻りますと、サラとハガルのことが記されています。簡潔に要約しますと、次のようになります。

アブラハムに子を与えるとの神の約束にもかかわらず、なかなか妻のサラによって子どもはできません。そこで、サラは自分の女奴隷であったハガルによって、アブラハムが子孫を残せるよう夫に頼みます。アブラハムはサラの願いを聞き入れ、ハガルを自分のそばめとします。こうしてハガルはアブラハムと関係を持ち身ごもるのですが、ハガルは自分の主人であるサラの事を侮るようになります。女奴隷であるハガルは、主人であるサラを見下すようになるのです。子どもを産む。そのことで、勝ち誇るようになるのです。「女主人を軽んじるようになる」（創世記16・5）のですね。

人というものは、立場によって横柄になり、高ぶることがあります。子どもが生まれない女主人に対して、女奴隷のハガルは、主人を軽んじるのです。さげすむという言葉があります。そこに欠けているのは愛です。相手の弱さを慮ることがない。共感することがない。

サラは普段、ハガルに対して、どう接していたでしょうか？

イサクが生まれたのち、乳離れした祝宴が開かれます。そこで起こったことは、イシュマエルがイサクに対して、ふざけている姿です。ちょっかいを出している光景をサラは見るのです。イシュマエルは自分の立場の危うさを知ったのでしょうか。

イサクが生まれるまでの14年間、イシュマエルはまさしくアブラハムの独り息子でありました。一心にアブラハムの愛情を受けて育ったことでしょう。ハガルもまた、サラに遠慮しつつも、跡取りのイシュマエルの母として周囲から尊敬を勝ち取っていたことでしょう。

すでにアブラハムは99歳、サラも89歳であり、この夫婦の間にはもう子どもはできないだろうと誰でもが考えていたことでしょう。しかし、サラは89歳で身ごもり、翌年イサクを出産します。90歳。アブラハムは100歳です。

ハガルとイシュマエルの立場は、逆転するのです。跡取り息子の立場から引き落とされます。イサクこそが跡取りになるのです。これが神の約束でした。サラから生まれる子こそが、神がアブラハムに約束された子どもだからです。(17章19節)

その立場を失ったイシュマエルは、ハガルの言葉もあろうかと推察されますが、イサクへの態度が横柄になる。からかう、ふざける、あざ笑う、なぶりものにする。そのようになったのです。

それを見たサラは、非常な危機感を覚えます。そして、アブラハムに訴えるのです。

10節――。

「あの女とあの子を追い出してください。あの女の息子は、わたしの子イサクと同じ跡継ぎとなるべきではありません。」

アブラハムは苦悩します。「このことはアブラハムを非常に苦しめた。その子も自分の子であったからである」（11節）とあります。

結果的に、先にハガルが女主人から逃亡したように、17年後、ハガルとイシュマエルはアブラハム、サラ、イサクのもとから逃げていくのです。

2　ハガル

さて、ハガルとはどういう女性でしょうか？　女奴隷でした。エジプト人であると記されています。エジプトから売られてきてサラの女奴隷となったのでしょう。弱い立場です。自由のない、服従の生活です。夫もいない。孤独な女性です。しかし、ある時、サラのきまぐれで（神の言葉を待つことをしない不信仰）アブラハムにあてがわれます。85歳の老人です。愛のない性的な営みです。その結果、子どもを身ごもります。お腹の中に赤子がいます。主人に勝ったのです。ハガルはサラを軽んじるようになります。

サラが夫にその事に対して苦情を述べると、アブラハムはサラがハガルを自分の思うように扱っても構わないと許可します。それで、サラはハガルを苦しめるようになったので、ハガルは女主人の下から逃げるのです。しかし、シュル街道の泉の所でハガルに神の御使いが現れ、神はハガルの苦悩をご覧になられたので、ハガルの子孫は多くなる事を約束されます。そして、その子にイシュマエルという名前を付けるよう命令し、サラの下へ帰って服従するよう指示されます。

ハガルは神を「エル・ロイ（わたしを顧みられる神）」という名前で呼び、わたしは神を見た後も生きていると語ります。こうして、アブラハムが86歳の時にハガルはイシュマエルを産むのです。（16章13節）

それから14年後（創世記17章21、24、25節）、サラはイサクを産むのですね（創世記21章2、3節）。

そして、その3年後、ハガルとイシュマエルは追放されます。落ちて行く二人について、聖書は記します。21章14節以降。

ハガルの命の危機に現れた神の使いは、いままたハガルとイシュマエルに現れます。

神は子どもの泣き声を聞かれ、天から神の御使いがハガルに呼びかけて言った。

「ハガルよ、どうしたのか。恐れることはない。神はあそこにいる子供の泣き声を聞かれた。立って行って、あの子を抱き上げ、お前の腕でしっかり抱き締めてやりなさい。わたしは、必ずあの子を大きな国民とする。」

神がハガルの目を開かれたので、彼女は水のある井戸を見つけた。彼女は行って革袋に水を満たし、子供に飲ませた。神がその子と共におられたので、その子は成長し、荒れ野に住んで弓を射る者となった。


エル・ロイ（わたしを顧みられる神）は、子どもの泣き声を聞かれる神でもあります。この「神は聞かれる」こそ、イシュマエルの名前の意味なのですね。

ハガルは、二度にわたって神の御使いとお会いし、その声を聴くのです。

3　神はすべての民族の神

アブラハムは、アブラムという名前でした。アブラムは民族の父という意味です。アブラハムは、諸国民の父です。そのアブラハムからイシュマエルとイサクが生まれます。イサクは、エサウとヤコブを生み、ヤコブからイスラエル12部族となる子供たちが生まれます。イシュマエルはアラブ民族の父となります。

イスラエルとアラブは兄弟民族なのですね。アラブは、イスラム教を信奉します。本日の聖書に、ハガルとイシュマエルが逃れたところ、水のある井戸こそが、イスラム教の巡礼の聖地となっているのです。イスラム教の聖地はメッカです。その中心にある神殿をカーバと言います。このカーバ神殿を建てた人こそが、アブラハムとイシュマエルとされているのです。

これはイスラム教の聖典であるコーラン（クルアーン）に記されているのですね。

さて、わたしたち日本人が神を信じ、イエス様を信じることは、理にかなっているのです。神は天地創造、万物の創造者でいらっしゃいます。また神は唯一の神であり、父と子、聖霊なる三位一体の唯一の神でいらっしゃいます。つまり、ユダヤ人であろうとアラブ人であろうと、すべての国民はアブラハムを信仰の父とするのです。

マタイによる福音書1章にはイエス様の系図が記されています。アブラハムの子、ダビデの子の系図です。そして、その先に神に至るのです。

五大陸のすべての民族は、神を礼拝し、ともに兄弟としての交わり、仕えあう。ここにわたしたちの信仰の理想があります。

今日の交読文はイザヤ書19章18節から読みました。このイザヤ書は、終わりの日の和解とされています。エジプトはピラミッドがある超大国です。アッシリアは当時の大帝国、北イスラエルを滅ぼしました。このアッシリアを滅ぼしたのがバビロニア帝国で、ここからイスラエルの南ユダ国は滅ぼされ、バビロン捕囚の悲劇を経験します。歴史の営みを超えて、神はすべての民を祝福される。これが聖書による信仰です。

そうです。すべての民が祝福されるのです。アメリカも、ロシアも、アラブも、中国も、韓国も、北朝鮮も、そして、日本も。そこにイエス・キリストの父なる神の愛と恵みがあるからです。これがイザヤの預言であり、ここからわたしたちはイエス様の愛を受けとめるのです。

イサク（創世記22章1～6節）

わたしたちの人生で、「なぜ……」という疑問の言葉が時に強く心に占めることがあります。その「なぜ」が余りに強く心に迫り、圧倒してきて、苦しくなり前に進めなくなるのです。その「なぜ」は、個人の人生において起きる出来事からくる「なぜ」です。

聖書に「ヨブ記」という書物があります。ヨブは神に忠実に歩む信仰の人です。聖書には、「この人は潔白で正しく、神を恐れ、悪から遠ざかっていた」（新改訳）とあります。

しかしある時、自分の全財産が奪われるという出来事を経験します。それだけならよいのですが、まもなく、自分の息子、娘が一瞬にして死んでしまうのです。

「御長男のお宅で、御子息、御息女の皆様が宴会を開いておられました。すると、荒れ野の方から大風が来て四方から吹きつけ、家は倒れ、若い方々は死んでしまわれました」（1・18）。ヨブには、7人の息子と3人の娘がいましたが、10人が亡くなったのです。

ヨブにとって、信じられない出来事です。一瞬のうちに人生の土台が崩れてしまったのです。自分が築き上げた財産、そして最愛の子供たち10人。そして、あまつさえ、今度はヨブ自身が病気になってしまうのです。

ヨブは、神の御前に忠実に生きてきました。非の打ち所のないほどに、熱心に神に仕え、人にも優しく、愛の人であったのです。どうして？　なぜ？　こんなことが……？　何も悪いことをしていないのに……？

正しい人が苦しみを受ける。ヨブ記のテーマです。

この度の東日本大震災、そしてフクシマ原発。まさしく、青天の霹靂《へきれき》です。どうして？なぜ？多くの人命が奪われました。宮城県、福島県、岩手、茨城と地震と大津波により、未曾有の信じられない尊い人命が奪われたのです。ヨブは、個人における「なぜ？　どうして？」です。東日本大震災は、集団における「なぜ、どうして？」です。

多くの人は心の内で考えるでしょう。「神がいるなら、なぜこんなことが起こったのか？」

皆さんなら、どう答えられるでしょうか。いろいろと心の中で解答を見出そうとされているでしょう。または、永遠の謎といってもよいかと思います。

しかし、わたしたちキリスト者にあっては解答済みである。わたしはそのように考えています。

先ほど読まれた聖書、創世記22章においても、「なぜ？　どうしてですか？」が出てまいります。神はアブラハムに対して、イサクを献げなさいと命じられるのです。

12章からアブラハムの物語が続いています。神はアブラハムを選び、召命を与え、祝福の約束をされます。それは、子孫の繁栄と土地を与えるとの約束です。この二つを巡って、12章から21章まで神とアブラハムの物語が展開しているのです。

75歳で生まれ故郷、父の家を離れて、旅に立ったアブラハムに１００歳になってようやく子が生まれました。正妻であるサラによってでした。神の約束が実現したのです。よく年寄りっ子という言葉がありますが、年をとって生まれた子は、可愛いでしょうね。ましてや１００歳の子です。アブラハムは、待ちに待った子をどんなに可愛がったでしょう。それこそ、自分のいのちのように子を慈しみ、愛したことでしょう。

しかし、そのようなアブラハムに神が言葉をかけられます。

1　神の試み

これらのことの後で、神はアブラハムを試された。

神が、「アブラハムよ」と呼びかけ、彼が、「はい」と答えると、

「これらのこと」とは、先ほど申しましたように、イサクが生まれるまでの過程（プロセス）を指しています。長い、長い25年でした。

ここで注目すべきなのは、「神はアブラハムを試された」という言葉です。この試されるという言葉は、試みであります。試練ですね。神が試みられる。何を試みられるのか？　これがアブラハムに試練となるものです。

2節――。

神は命じられた。「あなたの息子、あなたの愛する独り子イサクを連れて、モリヤの地に行きなさい。わたしが命じる山の一つに登り、彼を焼き尽くす献げ物としてささげなさい。」

第一に、この試みは息子を焼き尽くす献げ物としてささげなさいということです。これは口語訳聖書では燔祭と訳されていました。神に献げるいけにえは、二通りあります。燔祭といって、焼き尽くす献げものです。もうひとつは、一部分を焼いて残りものを祭司や奉仕者が食べることができる献げものです。ここでは、すべてを焼き尽くすのですね。

一部分でもすべてにしても、この献げることは、いわゆる人身御供であります。イサクを献げるように命じられたことは、神は残酷な命令をくだされたということでもあります。

そんなことがありえるのだろうかとわたしたちは考えます。神は愛であり、恵みの神であるとわたしたちは信じています。アブラハムも同じように、神を信じたのです。神はアブラハムを義とされ、祝福し、子孫の繁栄を約束されています。ましてや、12章でのはじめの約束から25年間にもわたって待ちに待って与えられた子どもです。今度は、その子の命を奪おうとするのは矛盾しています。

いったい、この神の命令に対して、どのように受け止めればよいのか。

古来、いろいろな解釈が生まれました。本日は、(紙数の関係上) それを紹介することはできません。

このところを読むと、東日本大震災に遭われた被災者の気持ちを推察いたします。中でも、被災に遭われた中に多くの教会関係者がおられたのです。教会も被害に遭いました。亡くなられたキリスト者、教会員の中で家族が津波で浚われた、今も行方不明になっている。そのような方も大勢いらっしゃると思います。その人たちにとって、愛する者が亡くなる。そこに試練を覚える人もいると思うのですね。新婚の夫婦、生まれたばかりの子ども、親子、そういう絆が一瞬のうちに断たれる。ヨブのように、神が与え、神が奪う。そういう、体験をするのです。

2　沈黙

アブラハムもその試練に直面します。愛するわが子、約束の子です。その子をいけにえ、神への献げものとして自分の手で殺す。命を絶つのです。

アブラハムはその命令に対して、従ったのです。アブラハムは、むろん諾々として神の命令に従ったわけではないと信じます。

アブラハムのこころの中には、おそらく闇があったのではないでしょうか？　あるいは、信頼していた神に見捨てられたという孤絶。

聖書は、3節――。

次の朝早く、アブラハムはろばに鞍を置き、献げ物に用いる薪を割り、二人の若者と息子イサクを連れ、神の命じられた所に向かって行った。

そうあります。夜に神の御声を聞き、朝までアブラハムは寝ることもできず、悶々として夜を過ごしていたことでしょう。そして、こころの中に「なぜ？」と、神に対する問いを何度も何度も発していたことだと思います。その問いに、神は答えられたでしょうか？

4節——。

三日目になって、アブラハムが目を凝らすと、遠くにその場所が見えたので、

三日間、アブラハムはやはり沈黙のうちに、この「なぜ？」を発していたと察します。「もういいよ、分かった」との神の声を聴きたかったのではないでしょうか？しかし、神はアブラハムに語ることをしなかった。その説明もない。

ソドムの時に、

「わたしが行おうとしていることをアブラハムに隠す必要があろうか。アブラハムは大きな強い国民になり、世界のすべての国民は彼によって祝福に入る。わたしがアブラハムを選んだのは、彼が息子たちとその子孫に、主の道を守り、主に従って正義を行うよう命じて、主がアブラハムに約束したことを成就するためである。」（18章17〜19節）

そう言って、ソドムの審きと滅びを打ち明けられたのは、神です。その神が今度は専制君主のように、自分の権力を楽しむ暴君、独裁者のように、アブラハムに対して息子イサクをいけにえとして献げるように要求されたのです。

神の沈黙は、アブラハムの沈黙でした。そして、アブラハムとイサクもまた沈黙の3日間だったのです。イサクの年齢は、この時13歳だったという説があります。あるいは、もう二十歳を過ぎていたのではないかと。

出エジプト記では、モーセがファラオにイスラエルの民を礼拝に行かせるよう要求する記事があります。「どうか、三日の道のりを荒れ野に行かせて、わたしたちの神、主に犠牲をささげさせてく

ださい。」（出エジプト記5章3節）

神に犠牲を献げるとは、礼拝行為です。喜びです。祝いです。神にお会いする時なのです。本来は、喜び、感謝、祝祭としての旅だったでしょう。

しかし、この度のアブラハム一行の旅は、恐ろしい沈黙、むせ返るこころの重圧です。アブラハムの沈黙と近寄ることができない無言の雰囲気、壮絶な闇！

（わたしたちは、生きるか死ぬか、いや息子殺しのために、礼拝に行かないでしょう。まさしく、神はむごい要求をされたのです）

（6節「焼き尽くす献げ物に用いる薪を取って、息子イサクに背負わせ、自分は火と刃物を手に持った」とあります。薪を背負うくらいの歳だということです。自分が燃やされる、その薪を持っていくのです）

（アブラハムはイサクにも、そして妻のサラにも今回のことは沈黙したままでしょう。何の目的で、若者二人を連れてモリヤの山に行くのか？　そもそも、モリヤの山とはどこか？　モリヤの山に行ったことがあるのか？

三日間の距離）

（4節に「三日目になって、アブラハムが目を凝らすと、遠くにその場所が見えたので」とあるので、アブラハムはモリヤの山に行ったことがあり、そこで何度か献げ物をしたことがあったのでしょう。ちなみに、このモリヤの山こそがエルサレム神殿の土台となったという説があります。）

3　イサク

イサクは、むせるような沈黙を破って、アブラハムに訊ねます。7節――。

「わたしのお父さん」と呼びかけた。彼が、「ここにいる。わたしの子よ」と答えると、イサクは言った。「火と薪はここにありますが、焼き尽くす献げ物にする小羊はどこにいるのですか。」

何と、無邪気なイサクか？　そう思わせられます。ゲッセマネでイエス様が祈る祈り。

「アッバ、父よ、あなたは何でもおできになります。この杯をわたしから取りのけてください。しかし、わたしが願うことではなく、御心に適うことが行われますように」（マルコ14章36節）

イサクの言葉とイエス様の祈りは、重なっていくように思います。イサクは、アブラハムのこころを察していたのではないか。知っていて、アブラハムに従ってきた。

アブラハムはイサクに答えます。8節――。

「わたしの子よ、焼き尽くす献げ物の小羊はきっと神が備えてくださる」

二人は一緒に歩いて行った。

アブラハムはイサクを騙したのでしょうか？　嘘を言って、イサクを安心させ、ふいをついてイサクを縛り上げて、刃物をもってイサクを切り刻み、焼き尽くす献げものとして燃やしてしまおうとしたのでしょうか？

本日は、説教題を「イサク」としました。このところはアブラハムの信仰が称賛される箇所であります。息子イサクを献げるほどに、神に対して従順であったアブラハム。キェルケゴールというデンマークの思想家は、アブラハムを「信仰の英雄（騎士）」と評しました。（「おそれとおののき」）。イスラム教、モハメットもアブラハムを称賛し、イスラム教の信徒もまたアブラハムの信仰に対して畏敬の念を抱いているのです。

そして、新約聖書もアブラハムの信仰を褒め、アブラハムの信仰に神が答えてくださったことを記します。信仰によって、アブラハムは、試練を受けたとき、イサクを献げました。つまり、約束を受けていた者が、独り子を献げようとしたのです。（ヘブライ11章17節）

皆さん、信仰によってわが子を手にかけることをするでしょうか？

わたしは、イサクこそが沈黙のうちに苦しみ、「わが神、わが神、なにゆえわたしを見捨てられたのか」と嘆き祈った、その人ではないかと思うのです。まさしく、「屠り場に引かれていく小羊のように」「口を開かなかった」（イザヤ書53章7節）のです。イサクこそ、燔祭の小羊であります。そして、死に至るまで従順であったのです。

そのイサクを

神が人を死者の中から生き返らせることもおできになると信じたのです。それで彼は、イサクを返してもらいましたが、それは死者の中から返してもらったも同然です。（ヘブライ11章19節）

そう、聖書は記しているのです。

レントの期間。主の受難、そして復活は神の永遠のご計画であります。ここに、わたしたちは立っているのです。そして、アブラハムの信仰に倣い、信仰の旅路を辿っているのです。
死に至るまで、忠実であろうと願います。

（超教派主催で、東日本大震災7周年記念礼拝が午後から仙台青葉荘教会礼拝堂で行われた。聖日礼拝での説教）

主の山に備えあり（創世記22章1〜19節）

前回、3月11日の礼拝において、同じ聖書の箇所で「イサク」と題して説教しました。アブラハムが主なる神の命によって、イサクを伴い、モリヤの山に赴き、イサクを縛り上げて屠ろうとしたところです。この創世記22章は、聖書全体において非常に大切なところです。あえて言うならば、聖書の中の聖書、奥義中の奥義、神のみこころの一番深いところ、それが現れているところであると確信します。それゆえ何度も取り上げて語り、そして神の言葉として聴く。その必要があるのです。

新約聖書にも何度も取り上げられます。このことはあとで実際に聖書を引き、読みましょう。

まず、創世記22章1節を読みましょう。

1　神の言葉

1節――。

これらのことの後で、神はアブラハムを試された。神が、「アブラハムよ」と呼びかけ、彼が、「はい」と答えると、

「神はアブラハムを試された」のですね。試みです。試練ですね。神が試みられる。何を試みられるのか？　これがアブラハムに試練となるものです。

2節――。

神は命じられた。「あなたの息子、あなたの愛する独り子イサクを連れて、モリヤの地に行きなさい。わたしが命じる山の一つに登り、彼を焼き尽くす献げ物としてささげなさい。」

新改訳聖書では、次のように訳されています。

これらの出来事の後、神はアブラハムを試練に会わせられた。神は彼に、「アブラハムよ」と呼

びかけられると、彼は、「はい。ここにおります」と答えた。神は仰せられた。「あなたの子、あなたの愛しているひとり子イサクを連れて、モリヤの地に行きなさい。そしてわたしがあなたに示す一つの山の上で、全焼のいけにえとしてイサクをわたしにささげなさい。」

第一に、この試みは息子を焼き尽くす献げ物としてささげなさいということです。

それは死を意味します。本来、神はいのちを与える神です。天地創造の神、宇宙を創造し、アダムを創造された神です。いのちの神が信仰者アブラハムの息子、イサクの死を求められるとは、どういうことでしょうか？

ここにも、神の計画、みこころがあるはずです。神は専制君主でも暴君でもありません。

この試みは、ヨブ記における試みに通じるものがあります。神とサタンがヨブを巡って駆け引きをするのです。神は言われます。「ヨブのような忠実な信仰者はいない」と。しかし、サタンは嘯きます。「そうおっしゃりますがね、試練がくるとヨブの信仰はひとたまりもない。もろくも崩れてしまいますよ」。そう、サタンは意地悪です。しかし、神はヨブを愛し、信頼しておられる。そんなことはないとサタンに対して弁護されるのです。そして、サタンの手に委ねられました。しかし、命をとってはならないと命じられます。神はサタンの誘惑を許された、許可されたのですね。

試練は、神の許可なくしては起こらないのです。ですから、試練があるということは、神の特別の眼差しがあるということではないでしょうか。神の守りがいつもあるのだ。神が支えておられる。神とともに信仰者は試練に立ち向かうのです。そして、試練を超えた時、聖霊が顕著に働くのです。試練の中に、神は共におられるのです。

創世記では、神とサタンがアブラハムを巡って駆け引きをされる。もちろん、ここではサタンは出てきません。だからこそ、試練でもあるのです。

試練は、まったく理不尽なのです。「なぜ、このようなことが……」その問いを発するのです。しかし、そこに立ち、神を見つめていく。

2　試練

アブラハムもその試練に直面します。愛するわが子、約束の子です。その子をいけにえ、神への献げものとして自分の手で殺す。命を絶つのです。

アブラハムはその命令に対して、従ったのです。アブラハムは、むろん諾々《だくだく》として神の命令に従ったわけではないと信じます。

アブラハムのこころの中には、おそらく闇があったのではないでしょうか？　あるいは、信頼していた神に見捨てられたという孤独を味わったことでしょう。

詩編は22編2節には、このようにあります。

わたしの神よ、わたしの神よ

なぜわたしをお見捨てになるのか。

この言葉は、イエス様が十字架上で苦しい息の下で洩らされた言葉です。神に見捨てられた。詩編の記者は、そのように感じることがその人生であったのでしょう。

わたしたちも時に、苦しい状況に追い込まれることがあります。病、苦難、痛み、家族のことで……。

「信仰しているのに……」「祈っているのに……」そう苦しい思いで胸が塞がり、苦しくなります。そのような時に、サタンがささやきます。「お前の祈りが足りないからだ」、「信仰がないからだ……」、「神などいない。信じるのはやめよ。教会など行くな」……。

いろいろな思いをもって、アブラハムは黙々として、神の示される山に赴きます。

4節――。

三日目になって、アブラハムが目を凝らすと、遠くにその場所が見えたので、

三日間、アブラハムはやはり沈黙のうちに、この「なぜ？」を発していたと察します。「もういいよ、分かった」との神の声を聴きたかったのではないでしょうか？しかし、神はアブラハムに語ることをしなかった。その説明もない。

神の沈黙は、アブラハムの沈黙でした。試練に遭う時、人は沈黙します。いたずらに声を出さない。騒がない。わめかない。他人にあれこれ訴えないのではないか。ひたすら、沈黙を守り、祈り、神のみ心を尋ね求める。そこに、神との対話があるのです。信頼があるからこそ、神は試練を与えられる。試練は、ある意味、神の試練でもあるのではないか。神ご自身が、信仰者の試練でもって、

ご自身が試練を受けられる。言い過ぎかもしれませんが……。

神はアブラハムの試練を、ご自身引き受けられておられる。そうでなければ、どうして神は信仰者と共におられるでしょうか？

3　従順

イサクは、アブラハムに訊ねます。7節――。

「わたしのお父さん」と呼びかけた。彼が、「ここにいる。わたしの子よ」と答えると、イサクは言った。「火と薪はここにありますが、焼き尽くす献げ物にする小羊はどこにいるのですか。」

アブラハムはイサクに答えます。8節――。

「わたしの子よ、焼き尽くす献げ物の小羊はきっと神が備えてくださる。」

二人は一緒に歩いて行った。

アブラハムはイサクを騙したのでしょうか？　嘘を言って、イサクを安心させ、ふいをついてイサクを縛り上げて、刃物をもってイサクを切り刻み、焼き尽くす献げものとして燃やしてしまおうとしたのでしょうか？

あるいは、単なる気休めとして、アブラハムは自分をも騙していたのでしょうか。（楽観主義）

アブラハムの信仰は、

「焼き尽くす献げ物の小羊はきっと神が備えてくださる」でした。

まさに、ローマ書4章17節――。

「死者に命を与え、存在していないものを呼び出して存在させる神を、アブラハムは信じ」たのです。

そして、ヘブライ書11章17節にあるように、

「信仰によって、アブラハムは、試練を受けたとき、イサクを献げました。つまり、約束を受けていた者が、独り子を献げようとしたのです」

同19節――。

「アブラハムは、神が人を死者の中から生き返らせることもおできになると信じたのです。それで彼は、イサクを返してもらいましたが、それは死者の中から返してもらったも同然です」

神の真実をアブラハムは信じたのです。試練の中にあっても、神の真実を信じて疑わない。それが従順ということです。それゆえに、アブラハムはイサクを献げよという神の言葉（命令）に従うのです。

4　神の真実――主の山に備えあり

神の真実とは何でしょうか。それは、「主の山に備えあり」という真実です。

創世記22章9節以下、そして14節。

アブラハムはその場所をヤーウェ・イルエ（主は備えてくださる）と名付けた。そこで、人々は今日でも「主の山に、備えあり（イエラエ）」と言っている。


この「備える」という言葉は、見るという意味があります。「イルエ」は「ラーアー」の単数男未完了態で、本来、「見る、探す、見出す」を意味します。

カトリック系のフランシスコ会訳、バルバロ訳では、神が「計らう」と訳しています。英語では、

provideプロバイドです（RSV）。与える。供給するという意味です。与える人は、providerインターネットでいうプロバイダーは供給者です。ここからprovidence摂理　神の摂理Providence大文字になると神です。このproは接頭辞で前とか先を意味します。Videはラテン語のvideoから来るのですね。（バルト）

videoはビデオカメラとかビデオと日本語にもなっています。観るという意味です。すなわち、provideoは「前もって観る」「先を観る」あるいは、「将来への配慮」という意味があるのです。これは、英語の辞書にも出ています。

神が備えるとは、人間が必要としていることを神は完全に見ておられるということです。これが神の摂理であります。

これは、聖書信仰そのものと言ってもよいかと思います。ですから、8節――。

「わたしの子よ、焼き尽くす献げ物の小羊はきっと神が備えてくださる。」

すでにアブラハムは、神の備えを観ているのです。そして、神が備えてくださることを信じたのです。それが主の山に備えあり、なのです。

5　独り子

今日のキーワード——。

主の山に備えあり。備えです。もう一つあります。それは、12節——。

御使いは言った。「その子に手を下すな。何もしてはならない。あなたが神を畏れる者であることが、今、分かったからだ。あなたは、自分の独り子である息子すら、わたしにささげることを惜しまなかった。」

独り子という言葉です。イサクは独り子ではありません。イシュマエルという兄がいます。どうして、独り子と御使いは言ったのでしょうか。

先ほどの、備えprovideoではありませんが、神はイエス・キリストをすでに見ておられるのです。

神の小羊としての独り子を備えておられるのです。神は独り子なるイエス様を惜しまずに、人間に献げられた。

6　神の勝利

ヨブにおけるサタンと神のかけひき。ヨブの忍耐と信仰によって神は、ヨブの前にご自身を現し、ヨブを回復へと導かれました。

ここにもアブラハムの信仰、従順によって、神はご自身の栄光を現されたのです。

神の勝利。サタンは登場しませんが、神は全地にアブラハムの信仰を伝え、喜ばれたのではないでしょうか？

イエス様は、神に徹底的に従順であられました。十字架の死に至るまで従順でした。

フィリピ書2章9節——、

「このため神はキリストを高く上げ、あらゆる名にまさる名をお与えになりました」とあります。

試練は、勝利へと導かれる。これがわたしたちの信仰です。イエス様は試練と受難、十字架の死をもって、復活され、死に打ち勝たれました。

わたしたち、いまは試練に遭うことがあっても、勝利をみていきましょう。

（２０１８年４月15日　復活節第３主日）

あとがき

２０１１年3月11日東日本全域を大地震が起こり、それにともなって東日本の海岸線一帯を未曾有の大津波が襲いました。筆舌に尽くせない大震災、大津波です。そして、フクシマ原発の悲劇。こちらは日本だけの問題ではなく、太平洋を接する諸外国においても放射能の影響は図り知ることはできません。

この説教集は、２０１４年4月から筆者が現任の仙台青葉荘教会に赴任して以来、月に一度講解説教してきたものです。くしくも２０１８年3月11日の土曜日は、東日本大震災7周年記念の追悼礼拝を仙台市内の超教派の教会が合同して当教会で行いました。その翌日、3月12日の聖日礼拝において、説教集30にある「イサク」創世記22章1～8節を説教しました。

その礼拝出席者に、ヨベル社長の安田正人氏がおられたのです。東京から仙台にお仕事で来られ、その途次、私共の礼拝に出席されました。安田氏は説教を聴かれて、説教集を出しましょうと決断されました。青天の霹靂とはこのことを言うのでしょう。

安田氏とは、さきに、拙著マタイによる福音書講解説教集『神の国の奥義』上下巻でお世話になりました。

今度は創世記の講解説教集上巻でお世話になり、感謝いたします。

筆者は、旧約神学を専門としない一介の牧師にすぎません。教会員に旧約聖書、とくに創世記の霊的な深さと歴史を知ってもらうために、平易な言葉で説教することを心がけました。先のマタイによる福音書の講解説教集と同じ取り組みです。そこには、膨大な註解書や神学書を駆使することなく（もちろん、それなりに読みましたが）、祈りをもって備え、自分の言葉と文学的感性、ホーリネスの神学的背景と霊性を表現に入れようと苦心しました。月に一度の説教ですから、前の月の繰り返し（復習）が何度か出てきています。読者の方にはお赦しを乞い願うところです。

礼拝説教の準備で牧師のために祈り、聴かれる仙台青葉荘教会の皆さんには、こころから感謝をいたします。牧師の説教は、教会員の祈りなくしてできません。また、礼拝説教のために背後から祈り、支えてくれた妻純子にも感謝です。家族の祈りと支えなくして、牧師の任は全うできません。

東京聖書学校の教師の末席に連なっている筆者ですが、祈りと信仰を共にする同僚の教師陣とホーリネスの群の教会の皆さんにも感謝の意を表します。

最後に、取るに足りないものを牧師としてくださった、主イエス・キリストの父なる神に感謝をお献げします。

2018年11月

潮　義男

潮　義男（うしお・よしお）

1949年福岡県に生まれる。

早稲田大学（中退）、東京聖書学校卒業。

日本基督教団舘坂橋教会、キリスト教センター善隣館（館長）、西那須野教会、志木教会を経て、現在、仙台青葉荘教会牧師。

東京聖書学校教授。

主な著書：『神の家族』（キリスト教センター善隣館、1986年）
『天国の鍵』（岩手日報社・北の文学、2001年）
『神の国の奥義　上・下』（ヨベル、2014年）
共著『リバイバルと弾圧』（ホーリネスの群、2012年）

YOBEL新書050
創世記講解　上　創世記1章～22章

2019年1月25日 初版発行

著　者 ── 潮　義男
発行者 ── 安田正人

発行所 ── 株式会社ヨベル　YOBEL, Inc.
〒113 - 0033 東京都文京区本郷4 - 1 - 1　菊花ビル5F
TEL03-3818-4851　FAX03-3818-4858
e-mail：info@yobel. co. jp

印　刷 ── 中央精版印刷株式会社

配給元—日本キリスト教書販売株式会社（日キ販）
〒162 - 0814　東京都新宿区新小川町9 -1
振替00130-3-60976　Tel 03-3260-5670

 Printed in Japan　ISBN978-4-907486-82-2 C0216